Caminhamos na história de Deus

Comunidades cristãs e sua organização

COLEÇÃO BÍBLIA EM COMUNIDADE

PRIMEIRA SÉRIE – VISÃO GLOBAL DA BÍBLIA

1. Bíblia, comunicação entre Deus e o povo – Informações gerais
2. Terras bíblicas: encontro de Deus com a humanidade – Terra do povo da Bíblia
3. O povo da Bíblia narra suas origens – Formação do povo
4. As famílias se organizam em busca da sobrevivência – Período tribal
5. O alto preço da prosperidade – Monarquia unida em Israel
6. Em busca de vida, o povo muda a história – Reino de Israel
7. Entre a fé e a fraqueza – Reino de Judá
8. Deus também estava lá – Exílio na Babilônia
9. A comunidade renasce ao redor da Palavra – Período persa
10. Fé bíblica: uma chama brilha no vendaval – Período greco-helenista
11. Sabedoria na resistência – Período romano
12. O eterno entra na história – A terra de Israel no tempo de Jesus
13. A fé nasce e é vivida em comunidade – Comunidades cristãs na terra de Israel
14. Em Jesus, Deus comunica-se com o povo – Comunidades cristãs na diáspora
15. Caminhamos na história de Deus – Comunidades cristãs e sua organização

SEGUNDA SÉRIE – TEOLOGIAS BÍBLICAS

1. Deus ouve o clamor do povo (Teologia do êxodo)
2. Vós sereis o meu povo e eu serei o vosso Deus (Teologia da aliança)
3. Iniciativa de Deus e corresponsabilidade humana (Teologia da graça)
4. O Senhor está neste lugar e eu não sabia (Teologia da presença)
5. Profetas e profetisas na Bíblia (Teologia profética)
6. O Sentido oblativo da vida (Teologia sacerdotal)
7. Faça de sua casa um lugar de encontro de sábios (Teologia sapiencial)
8. Grava-me como selo sobre teu coração (Teologia bíblica feminista)
9. Teologia rabínica (em preparação)
10. Paulo, apóstolo de Jesus Cristo pela vontade de Deus (Teologia paulina)
11. Compaixão, cruz e esperança (Teologia de Marcos)
12. Lucas e Atos: uma teologia da história (Teologia lucana)
13. Ide e fazei discípulos meus todos os povos (Teologia de Mateus)
14. Teologia joanina (em preparação)
15. Eis que faço novas todas as coisas (Teologia apocalíptica)
16. As origens apócrifas do cristianismo (Teologia apócrifa)
17. Teologia da Comunicação (em preparação)
18. Minha alma tem sede de Deus (Teologia da espiritualidade bíblica)

TERCEIRA SÉRIE – BÍBLIA COMO LITERATURA

1. Bíblia e Linguagem: contribuições dos estudos literários (em preparação)
2. Introdução às formas literárias no Primeiro Testamento (em preparação)
3. Introdução às formas literárias no Segundo Testamento (em preparação)
4. Introdução ao estudo das Leis na Bíblia
5. Introdução à análise poética de textos bíblicos
6. Introdução à Exegese patrística na Bíblia (em preparação)
7. Método histórico-crítico (em preparação)
8. Análise narrativa da Bíblia
9. Método retórico e outras abordagens (em preparação)

QUARTA SÉRIE – RECURSOS PEDAGÓGICOS

1. O estudo da Bíblia em dinâmicas – Aprofundamento da Visão Global da Bíblia
2. Aprofundamento das teologias bíblicas (em preparação)
3. Aprofundamento da Bíblia como Literatura (em preparação)
4. Pedagogia bíblica
   4.1. Primeira infância: E Deus viu que tudo era bom
   4.2. Segunda Infância (em preparação)
   4.3. Pré-adolescência (em preparação)
   4.4. Adolescência (em preparação)
   4.5. Juventude (em preparação)
5. Modelo de ajuda (em preparação)
6. Mapas e temas bíblicos (em preparação)
7. Metodologia de estudo e pesquisa (em preparação)

Serviço de Animação Bíblica - SAB

Caminhamos na história de Deus

Comunidades cristãs e sua organização (70-135 E.C.)

Dados Internacionais de Catalogação na Publicação (CIP)
(Câmara Brasileira do Livro, SP, Brasil)

Caminhamos na história de Deus : comunidades cristãs e sua organização / Serviço
de animação bíblica ; ilustrações Roberto Melo ; elaboração do texto Romi
Auth, Equipe do SAB. – 6. ed. – São Paulo : Paulinas, 2012. – (Coleção Bíblia em
comunidade. Série visão global ; v. 15)

ISBN 978-85-356-3229-3

1. Comunidades cristãs 2. História eclesiástica - Igreja primitiva 3. Pensamento
religioso I. Serviço de animação bíblica. II. Título. III. Série.

12-07057

CDD-270.1

Índice para catálogo sistemático:
1. Comunidades cristãs : Igreja cristã primitiva   270.1

Revisado conforme a nova ortografia

Elaboração do texto: *Romi Auth, fsp, e Equipe do SAB*
Assessores bíblicos: *Jacil Rodrigues de Brito, José Raimundo Oliva,*
Valmor da Silva, Pe. Paulo Sérgio Soares
Cartografia: *Prof. Dr. José Flávio Morais Castro,*
do Departamento de Planejamento Territorial
e Geoprocessamento do IGCE – UNESP
Metodologia: *Maria Inês Carniato*
Ilustrações: *Roberto Melo*
Citações bíblicas: *Bíblia de Jerusalém.* São Paulo, Paulus, 1985

Gratidão especial às pessoas que colaboraram, com suas experiências,
sugestões e críticas, para a elaboração e apresentação final do projeto "Bíblia em comunidade"
na forma de livro e transparências para retroprojetor.

6ª edição – 2012
3ª reimpressão – 2021

SAB – Serviço de Animação Bíblica
Av. Afonso Pena, 2142 – Bairro Funcionários
30130-007 – Belo Horizonte – MG
Tel.: (31) 3269-3737 / Fax: (31) 3269-3729
E-mail: sab@paulinas.com.br

Paulinas
Rua Dona Inácia Uchoa, 62
04110-020 – São Paulo – SP (Brasil)
Tel.: (11) 2125-3500
http://www.paulinas.com.br – editora@paulinas.com.br
Telemarketing e SAC: 0800-7010081

©Pia Sociedade Filhas de São Paulo – São Paulo, 2002

Sumário

APRESENTAÇÃO 7

METODOLOGIA 9
Motivação 9
Sintonia integral com a Bíblia 9
Pressupostos da metodologia integral 10
Recursos metodológicos 11
Roteiro para o estudo dos temas 12
Cursos de capacitação de agentes para a pastoral bíblica 12

INTRODUÇÃO 13

1º TEMA – O MISTÉRIO FASCINA E ATRAI 15
Retomando o caminho feito 16
O "fim dos tempos" 17
Milenarismos hoje: herança da história 18
O fim está próximo? 19
Milenarismo católico: não podemos fazer nada! 19
Milenarismos : previsões e datas! 20
Roteiro para o estudo do tema 21

2º TEMA – A HISTÓRIA LEVA-NOS PARA O NOVO 23
Contexto político do Império Romano 24
Tito Flávio Vespasiano (69-79) 24
Tito Flávio Vespasiano (79-81 E.C.) 26
Tito Flávio Domiciano (81-96 E.C.) 26
Adriano (117-138 E.C.) 26
Roteiro para o estudo do tema 29

3º TEMA – MUITOS DEUSES E POUCA HUMANIDADE 31
Divindades ocidentais e orientais 32
Divindades e imortalidade 33
Religiões de mistérios: proteção perante o destino 34
Influência das religiões mistéricas no cristianismo nascente 36
As filosofias populares 36
Roteiro para o estudo do tema 42

4º TEMA – A FÉ PERCORRE UM CAMINHO 43
Situação das comunidades cristãs de 70-135 E.C. 44
Comunidades cristãs da Ásia 44
1. Terra de Israel: distanciamento do judaísmo 45
2. Antioquia da Síria 50

3. Éfeso, na Ásia Menor: uma escola teológica ... 5
Roteiro para o estudo do tema ... 5

5º TEMA – A IDADE MADURA DA FÉ ... 5

Os evangelhos sinóticos ... 6
Teoria das duas fontes ... 6
Lucas: o pesquisador dos fatos ... 6
Atos dos Apóstolos: Cristo vive! ... 6
Cartas pastorais: o novo rosto das Igrejas ... 6
Primeira carta a Timóteo: manter a pureza da fé ... 6
Segunda carta a Timóteo: a Palavra é o único alicerce ... 6
Carta a Tito: "não provocar o Império" ... 6
Cartas Católicas ... 6
Hebreus ... 7
Roteiro para o estudo do tema ... 7

6º TEMA – DEUS COMUNICA-SE EM NOSSA HISTÓRIA ... 77

De comunidades paulinas a comunidades joaninas ... 78
Escritos joaninos ... 79
O movimento apocalíptico: o juízo de Deus é certo ... 82
O livro do Apocalipse de São João ... 87
Comunidades cristãs da Grécia ... 89
Conclusão ... 91
Roteiro para o estudo do tema ... 94
Retrospectiva em grandes linhas da primeira série "Visão Global" ... 95

SUBSÍDIOS DE APOIO ... 101

Apresentação

Os fascículos da coleção "Bíblia em comunidade" têm o objetivo de acompanhar os que desejam entrar em comunicação e comunhão com Deus por meio da Bíblia, trazendo-a para o centro de sua vida e da comunidade.

Muitas pessoas — e talvez você — têm a Bíblia e a colocam num lugar de destaque em sua casa; outras fazem dela o livro de cabeceira; outras, ainda, a leem engajadas na caminhada de fé de sua Igreja, seguindo sua orientação. Muitas, ao lê-la, sentem dificuldade de entendê-la e a consideram misteriosa, complicada, difícil. Algumas das passagens bíblicas até provocam medo. Por isso, a leitura, o estudo, a reflexão, a partilha e a oração ajudam a despertar maior interesse nas pessoas; na leitura diária elas descobrem a Palavra como força que as leva a ver a realidade com olhos novos e a transformá-la. O conhecimento, a libertação, o amor, a oração e a vida nova que percebem ao longo da caminhada são realizações de Deus com sua presença e ação.

Esta coleção oferece um estudo progressivo em quatro séries. A primeira, "Visão global", traz as grandes etapas da história do povo da Bíblia: a terra, a região, o povo, a cultura, os personagens, as narrativas que o povo escreveu para mostrar a relação de amor entre ele e Deus. À medida que vamos conhecendo a origem e a história do povo, percebemos que a Bíblia retrata a experiência de pessoas como nós, que descobriram a presença de Deus no cotidiano de sua vida e no da comunidade, e assim deram novo sentido aos acontecimentos e à história.

"Teologias bíblicas" são o assunto da segunda série, que estuda aquilo que o povo da Bíblia considerou essencial em sua comunicação com Deus. As grandes experiências de fé foram sempre contadas, revividas e celebradas nos momentos mais importantes da história e ao longo das gerações. O povo foi entendendo progressivamente quem era Deus na multiplicidade de suas manifestações, especialmente nas situações difíceis de sua história.

O título da terceira série é "Bíblia como literatura". Nela são retomados os textos bíblicos de épocas, lugares, contextos sociais, culturais e religiosos diferentes. Vamos estudar, por meio dos diversos gêneros literários, a mensagem, a interpretação e o sentido que eles tiveram para o povo da Bíblia e que nós podemos descobrir hoje. Cada um deles expressa, de forma literária e orante, a experiência de fé que o povo fez dentro de determinada situações concretas. Os tempos de hoje têm muitas semelhanças com o tempos bíblicos. Embora não possamos transpor as situações do present para as da época bíblica, pois os tempos são outros, o conhecimento d situação em que os escritos nasceram ajuda-nos a reler nossa realidad com os mesmos olhos da fé.

Por fim, a quarta série, "Recursos Pedagógicos", traz ferramenta metodológicas importantes para auxiliar no estudo e aprofundamento d conteúdo que é oferecido nas três séries: Visão Global da Bíblia, Teologia Bíblicas e Bíblia como Literatura. Esta série ajuda, igualmente, na aplicaçã de uma Metodologia de Estudo e Pesquisa da Bíblia; na Pedagogia Bíblica usada para trabalhar a Bíblia com crianças, pré-adolescentes, adolescentes e jovens; na Relação de Ajuda para desenvolver as habilidades de multiplicador e multiplicadora da Palavra, no meio onde vive e atua.

A coleção "Bíblia em comunidade" quer acompanhar você na aventura de abrir, ler e conhecer a Bíblia e, por meio dela, encontrar-se com o Deus Vivo. Ele continua, hoje, sua comunicação, em nossa história, com cada um(a) de nós. Mas, para conhecê-lo profundamente, é preciso deixar que a luz que nasce da Bíblia ilumine o contexto de nossa vida e de nossa comunidade.

Este e os demais subsídios da coleção "Bíblia em comunidade" foram pensados e preparados para pessoas e grupos interessados em fazer a experiência da revelação de Deus na história e em acompanhar outras pessoas nessa caminhada. O importante neste estudo é percebermos a vida que se reflete nos textos bíblicos, os quais foram vida para nossos antepassados e podem ser vida para nós. Sendo assim, as ciências, a pesquisa, a reflexão sobre a história e os fatos podem nos ajudar a não cair numa leitura fundamentalista, libertando-nos de todos os "ismos" — fundamentalismos, fanatismos, literalismos, proselitismos, exclusivismos, egoísmos... — e colocando-nos numa posição de abertura ao inesgotável tesouro de nossas tradições milenares. A mensagem bíblica é vida, e nossa intenção primeira é evidenciar e ajudar a tornar possível essa vida.

Vamos fazer juntos essa caminhada!

Equipe do SAB

Metodologia

Para facilitar a compreensão e a assimilação da mensagem, a coleção "Bíblia em comunidade" segue uma metodologia integral, que descrevemos a seguir.

Motivação

"Tira as sandálias", diz Deus a Moisés, quando o chama para conversar (Ex 3,5). Aproximar-se da Bíblia de pés descalços, como as crianças gostam de andar, é entrar nela e senti-la com todo o ser, permitindo que Deus envolva nossa capacidade de compreender, sentir, amar e agir.

Para entrar em contato com o Deus da Bíblia, é indispensável "tornar--se" criança. É preciso "tirar as sandálias", despojar-se do supérfluo e sentir-se totalmente pessoa, chamada por Deus pelo nome, para se aproximar dele, reconhecê-lo como nosso *Go'el*, nosso Resgatador, e ouvi-lo falar em linguagem humana. A comunicação humana é anterior aos idiomas e às culturas. Para se comunicar, todo ser humano utiliza, ainda que inconscientemente, a linguagem simbólica que traz dentro de si, a qual independe de idade, cultura, condição social, gênero ou interesse. É a linguagem chamada primordial, isto é, primeira: a imagem, a cor, o ritmo, a música, o movimento, o gesto, o afeto, enfim, a experiência.

A escrita, a leitura e a reflexão são como as sandálias e o bastão de Moisés: podem ajudar na caminhada até Deus, mas, quando se ouve a voz dele chamando para conversar, não se leva nada. Vai-se só, isto é, sem preconceitos nem resistências: "como criança", de pés descalços.

Sintonia integral com a Bíblia

O estudo da Bíblia exige uma metodologia integral, que envolva não só a inteligência, mas também o coração, a liberdade e a comunidade.

Com a inteligência, pode-se conhecer a experiência do povo da Bíblia:
- descobrir o conteúdo da Bíblia;
- conhecer o processo de sua formação;
- compreender a teologia e a antropologia que ela revela.

Com o coração, é possível reviver essa experiência:

- entrar na história da Bíblia, relendo a história pessoal e a comunitári;
à luz de Deus;
- realizar a partilha reverente e afetiva da história;
- deixar que a linguagem humana mais profunda aflore e expresse ;
vida e a fé.

Com a liberdade, a pessoa pode assumir atitudes novas:
- deixar-se iluminar e transformar pela força da Bíblia;
- viver atitudes libertadoras e transformadoras;
- fazer da própria vida um testemunho da Palavra de Deus.

Com a comunidade, podemos construir o projeto de Deus:
- iluminar as diversas situações da vida;
- compartilhar as lutas e os sonhos do povo;
- comprometer-se com a transformação da realidade.

Pressupostos da metodologia integral

Quanto aos recursos:
- os que são utilizados com crianças são igualmente eficazes com adultos, desde que estes aceitem "tornar-se crianças";
- incentivam o despojamento, a simplicidade e o resgate dos valores esquecidos na vida da maioria dos adultos. As duas expressões elementares da linguagem humana primordial são imagem-cor, movimento-ritmo. Todo recurso metodológico que partir desses elementos encontra sintonia e pode se tornar eficaz.

Quanto à experiência proposta:
A metodologia integral propõe que o conhecimento seja construído não só por meio do contato com o texto escrito, mas também da atualização da experiência. Para isso é indispensável:
- a memória partilhada e reverente da história, do conhecimento e da experiência de cada um dos participantes;
- o despojamento de preconceitos, a superação de barreiras e o enga--jamento nas atividades alternativas sugeridas, como encenações, danças, cantos, artes.

Recursos metodológicos

Para que a metodologia integral possa ser utilizada, a coleção "Bíblia em comunidade" propõe os seguintes recursos metodológicos:

a) Livros

Os livros da coleção trazem, além do conteúdo para estudo, as sugestões de metodologia de trabalho com os temas em foco. Podem ser utilizados de várias formas: em comunidade ou em grupo, em família ou individualmente.

1. Partilha comunitária

Pode-se reunir um grupo de pessoas, lideradas por alguém que tenha capacitação para monitorar a construção comunitária da experiência, a partir da proposta dos livros.

2. Herança da fé na família

Os livros podem ser utilizados na família. Adultos, jovens, adolescentes e crianças podem fazer a experiência sistemática de partilha da herança da fé, seguindo a metodologia sugerida nas reuniões, como se faz na catequese familiar.

Na modalidade de estudo em comunidade, em grupo ou em família, existem ainda duas opções:

- *Quando todos possuem o livro.* O conteúdo deve ser lido por todos, antes da reunião; nela se faz o mutirão da memória do que foi lido e o(a) líder coordena a síntese; depois se realiza o roteiro previsto nas sugestões metodológicas para o estudo do tema.

- *Quando só o(a) líder tem o livro.* Fica a cargo do(a) líder a prévia leitura e síntese do conteúdo, que será exposto ao grupo. Passa-se a seguir o roteiro previsto nas sugestões metodológicas para o estudo do tema.

3. Estudo pessoal dos livros

Embora a coleção dê ênfase ao estudo da Bíblia em comunidade, os livros podem ser utilizados também por pessoas que prefiram conhecê-la e estudá-la individualmente, seguindo os vários temas tratados.

b) Recursos visuais

Para que se realize a metodologia integral, são indispensáveis mapas painéis e ilustrações, indicados nos roteiros de estudo dos temas sempre que necessário. Os recursos seguem alguns critérios práticos

- os mapas se encontram nos livros, para que as pessoas possam colori-los e visualizá-los;
- esses mapas foram reproduzidos em transparências para retroprojetor;
- outros recursos sugeridos nos roteiros podem ser produzidos segundo a criatividade do grupo.

Roteiro para o estudo dos temas

Os encontros para o estudo dos temas seguem um roteiro básico composto de quatro momentos significativos. Cada momento pode ter variantes, como também a sequência dos momentos e os recursos neles usados nem sempre são os mesmos. Os quatro momentos são:

1. Oração: conforme a criatividade do grupo.

2. Mutirão da memória: para compor a síntese do conteúdo já lido por todos ou para ouvir a exposição feita pelo(a) líder.

3. Partilha afetiva: memória e partilha de experiências pessoais que ilustrem os temas bíblicos que estão sendo trabalhados.

4. Sintonia com a Bíblia: leitura dos textos indicados, diálogo e síntese da experiência de estudar o tema e sua ressonância em nossa realidade. Cabe ao(à) líder mostrar os pontos essenciais do conteúdo.

Quanto ao desenvolvimento, pode ser assessorado por equipes: de animação, de espiritualidade, de organização.

Cursos de capacitação de agentes para a pastoral bíblica

O Serviço de Animação Bíblica (SAB) oferece cursos de capacitação de agentes que desejam colaborar na formação bíblica em suas comunidades, paróquias e dioceses. Os cursos oferecem o aprofundamento dos temas a partir da coleção "Bíblia em comunidade" e a realização de atividades que possibilitem uma análise de conteúdos a partir das diversas linguagens de comunicação, como: vídeo, teatro, métodos de leitura bíblica e outros.

Introdução

Parabéns! Você vai começar a ler *Caminhamos na história de Deus*. Este é o último livro da primeira série — Visão global —, do projeto "Bíblia em comunidade". São 15 títulos que conduzem você pelos caminhos da história humana, contada na Bíblia e vivida hoje por nós. Na visão cristã, é nesta história que Deus se comunica e nos convida a participar de seu projeto de amor, revelado plenamente em Jesus Cristo.

O conteúdo deste último volume trata da maturidade da fé cristã nas comunidades primitivas. No fim do primeiro século e começo do segundo, os cristãos já haviam descoberto a comunicação de Deus na história; refletido e rezado sobre ela; enfrentado todos os desafios e dificuldades; testemunhado a fé até o martírio e escrito todo o Segundo Testamento.

Os seis grandes temas que desenvolvem o itinerário das origens cristãs são os seguintes:

O primeiro, "O mistério fascina e atrai", mostra que em todos os tempos as pessoas foram atraídas pelos mistérios, particularmente no que respeita à vida após a morte e ao destino do mundo, de que forma e quando ele iria acabar. Este fenômeno se chama *milenarismo*. É a crença de que o fim do mundo está próximo e que não passará do milênio presente. Assim como aconteceu com o ano 2000, no qual muitos falavam do fim do mundo, também no cristianismo primitivo havia essa crença e esse temor.

"A história leva-nos para o novo" apresenta a luta e a resistência dos judeus contra o imperialismo cruel dos romanos. Várias intervenções romanas fizeram com que a religião judaica tomasse medidas radicais para sobreviver, e isto obrigou os cristãos a se afastarem sempre mais do judaísmo e a encontrar caminhos novos. O cristianismo se tornou cada vez mais original e diferente de tudo o que existia no império.

O terceiro tema, "Muitos deuses e pouca humanidade", descreve as religiões, crenças, mitos e filosofias que existiam no Império Romano. Enquanto as pessoas eram desrespeitadas e excluídas, os deuses recebiam todos os privilégios. Esta situação pressionou as comunidades a reagirem de alguma forma e, especialmente, influenciou os escritos do Segundo Testamento que se estavam formando. As cartas de Paulo, de modo particular, abordam estes temas, porque os confrontos aconteciam no dia a dia dos cristãos.

"A fé percorre um caminho" acompanha a evolução da teologia cristã. As comunidades refletiam a partir dos acontecimentos; trocavam correspondências; confirmavam sua forma de ler a realidade à luz da fé. Assim, a experiência cristã percorria um caminho de maior clareza e profundidade, transformando a própria história em Palavra de Deus.

"A idade madura da fé" reflete sobre a formação dos evangelhos. Após muitas décadas de vivência e catequese, os cristãos quiseram compreender melhor a experiência original de Jesus e de seus discípulos, e, após ter refletido sobre ela à luz do Primeiro Testamento e da vida presente, escreveram os evangelhos sinóticos. Na década de 70 já estavam configuradas algumas escolas teológicas. Foram grupos de comunidades que tiveram um determinado modo de compreender e ensinar o mistério cristão. Isto mostra uma maturidade tão grande, que os frutos dessas comunidades estão presentes no Segundo Testamento e, ainda hoje, alimentam nossa fé.

Enfim, o sexto tema, "Deus comunica-se em nossa história", fala sobre os últimos escritos bíblicos, os quais são fruto da Escola Teológica Joanina e das cartas pastorais. Analisa a literatura apocalíptica que retratava a situação daquelas comunidades, e, por fim, faz uma grande síntese de toda a história bíblica que foi desenvolvida nos 14 volumes anteriores desta coleção, para que você possa rememorar o conhecimento e a experiência que já teve até agora.

A segunda série de estudo do projeto "Bíblia em comunidade" intitula-se: "As Teologias bíblicas". Ela ajudará você a conhecer os diferentes modos de perceber a presença de Deus nos fatos e na caminhada do povo. Como Elias, pisando o chão sagrado você poderá escutar a voz de Deus nos escritos bíblicos e na partilha das pessoas que estão fazendo, com você, esta experiência.

14

1º tema
O mistério fascina e atrai

A exclusão verifica-se em todas as sociedades atuais. Ela acontece em diversos níveis — social, econômico, cultural, religioso, familiar, geográfico —, e de formas muitas vezes planejadas dentro da macro e microestrutura social.

Retomando o caminho feito

A pessoa de Jesus, suas palavras e atos tornaram-se centrais na vida das comunidades cristãs. Mesmo não sendo possível fazer uma biografia de Jesus de Nazaré, os dados essenciais, porém, são verificáveis. Conhecemos pelos evangelhos a condição social da família de Jesus (Mt 13,55); do seu clã de origem (Lc 2,4); da cidade na qual ele viveu (Mt 2,22-23); do início de sua vida pública por volta de 26 ou 28 E.C. (Mt 4,12-17); da sua morte na cruz (Mt 27,50) e de seu sepultamento em Jerusalém, atestado por três testemunhas: Maria Madalena, Maria de José e José de Arimateia (Mt 27,59-61; Mc 15,45-47).

A narrativa histórica sobre Jesus de Nazaré chega até seu sepultamento. As narrativas que seguem a esse relato — Ressurreição, Aparições e Ascensão de Jesus — estão fora do controle do historiador. São experiências de fé que escapam à verificação humana. Mas o que o historiador não pode negar é a mudança que se operou nos discípulos. De covardes e medrosos diante da morte de Jesus na cruz, tornaram-se missionários ardorosos e convictos do Ressuscitado.[1] Algo de extraordinário ocorreu na vida deles que não é possível explicar pela lógica humana.

Os discípulos e as discípulas conservaram, no coração e na memória, o que Jesus fez e ensinou. Perceberam que o anúncio sobre a chegada do Reino de Deus realizava-se em sua pessoa e por sua palavra e ação. Eram conscientes da atitude crítica de Jesus perante o Templo e à Lei, a qual o levou ao confronto radical com as autoridades de seu tempo. Sentiram-se chamados e escolhidos para fazer parte do novo povo de Israel. E a partir da experiência de Jesus vivo no meio deles, pela ação do Espírito Santo, tornaram-se missionários

---

[1] Cf. Mt 28,16-20; Mc 16,14-18; Lc 24,36-49; Jo 20,19-23; At 1,9-11; 2,9-11; 2,14-36.

O mistério fascina e atrai

ardorosos no mundo conhecido de então, superando dificuldades e enfrentando a própria morte.

Barnabé, Paulo, Pedro, Apolo, Epafras, Priscila e Áquila, grandes missionários da primeira hora, muito contribuíram para que a semente da Boa-Nova se espalhasse pela Ásia, África e Europa, já na primeira metade do primeiro século. Quando não era possível chegar pessoalmente, a mensagem era multiplicada por meio dos escritos que o Espírito foi suscitando em meio às comunidades cristãs da diáspora: 1 Tessalonicenses, Filemon, Filipenses; 1 e 2 Coríntios, Gálatas e Romanos. Ainda antes do ano 70 surgiu o primeiro evangelho, provavelmente escrito por Marcos, e leva seu nome.

Neste estudo vamos conhecer o contexto histórico do final do primeiro século entre os anos 70 e 135 da E.C. e, dentro dele, a realidade das comunidades cristãs da diáspora e dos seus escritos. Uma das questões que se tornou crucial para as comunidades desse período — e mesmo antes dos anos 70 — foi o retorno de Cristo (Mc 13,32). Para a comunidade de Tessalônica, essa expectativa iria terminar em breve (1Ts 4,16). Alguns anos mais tarde, muitos já não trabalhavam

mais, esperando a iminente vinda do Senhor (2Ts 3,10-12). A Segunda Carta aos Tessalonicenses trata desta questão no final do primeiro século, simultaneamente com o Apocalipse de João, no qual já aparece a ideia dos "mil anos" do reinado de Cristo, antes do fim do mundo (Ap 20,2-7). Da expressão "mil anos" nasceu "milenarismo".

O "fim dos tempos"

No Primeiro Testamento, "o fim dos tempos" não é visto de maneira uniforme. Nos salmos régios a expectativa final é a do Reinado de Deus na terra, e nos textos proféticos é a chegada de um rei Messias. O Segundo Testamento unifica as duas expectativas na pessoa de Jesus. Ele é o Rei Messias que anuncia o Reino de Deus (Mc 1,15). No fim dos tempos ele entregará o Reino a Deus Pai (1Cor 15,24). Isto significa que o tempo presente já pertence a Jesus e continuará até que o seu reino seja estabelecido definitivamente sobre a terra.

No livro do Apocalipse encontramos referência aos "mil anos" do reinado de Cristo (Ap 20,4). Durante esse tempo o Dragão (satanás) estará preso. Ao final dele será solto, mas por "pouco tempo",

17

para ser definitivamente derrotado (Ap 20,1-3.9-10). Há quem interprete esses "mil anos" de forma simbólica, como a fase terrestre do Reino de Deus que vai desde a vinda de Jesus até o fim da história. O número mil é simbólico e indica a plenitude dos tempos, quando Jesus se manifestar pela segunda vez. Outros fazem uma leitura literal, entendendo que Cristo virá sobre a terra para reinar por "mil anos" com os justos da "primeira ressurreição". O Reino de Deus será inaugurado com a "segunda ressurreição", a dos pecadores, para o juízo final e o fim do mundo (Ap 20,11-12).

Não existem outras referências ao milenarismo na Bíblia; talvez seja necessário entender essa linguagem na perspectiva apocalíptica, cheia de imagens e símbolos que não podem ser tomados ao pé da letra. Os apocalípticos traduzem sua concepção de fim de mundo por meio de imagens drásticas, com cenas de violência e combate. Os milenarismos de ontem e de hoje encontram sua origem na imaginação dos apocalípticos.[2]

Milenarismos hoje: herança da história

Desde a metade do primeiro século do cristianismo até hoje, as correntes milenaristas nunca deixaram de aflorar sob diversos prismas. Assim foi na passagem do ano 1000 para o ano 1001, do ano 2000 para 2001. A tônica, nessas correntes, é centralizada na questão da volta de Cristo (a parúsia) e, por consequência, no "fim do mundo" ou, numa expressão mais amena, no "fim dos tempos". A aproximação do fim do milênio traz, naturalmente, maior preocupação de muitos com estas questões. No final do primeiro século, os cristãos sofriam a perseguição romana e esperavam o fim "para breve". Hoje, há outros tipos de sofrimento e crises que pesam sobre a maioria da população. Este contexto tem tudo a ver com o ressurgimento da expectativa do "fim".

Tal expectativa tornou-se forte na virada do ano 1000 para o ano 1001, com reflexos na religião, na política e na cultura do mundo de então. À medida, porém, que o tempo foi passando, e o fim do mundo não chegou, surgiu o ditado

---

[2] MONLOUBOU, L.; DU BUIT, F. M. Milenarismo. In: *Dicionário bíblico universal*. Aparecida/Petrópolis, Santuário/Vozes, 1997.

O mistério fascina e atrai

popular: "de mil passará, a dois mil não chegará". Esse milenarismo liberal subsistiu na mentalidade popular durante todo o segundo milênio do cristianismo.

O fim está próximo?

O conceito de "fim do mundo" tem uma conotação negativa e assustadora, devido ao que se andou imaginando sobre uma "destruição cósmica", como "fogo caindo do céu, terremotos, grandes catástrofes etc.". Os que querem propagar a certeza da iminência da volta de Cristo atualmente usam a expressão "fim dos tempos", minimizando assim a negatividade da ideia de uma destruição do mundo, mas reafirmando a ideia de um ponto final na história, com o início do Reino Eterno. Não são poucos os que interpretam as notícias de catástrofes em diversos pontos do mundo, de guerras e conflitos armados entre povos e nações e o avanço da imoralidade e da falta de ética, tanto nos meios populares quanto nos meios mais abastados e em todos os escalões dos governos, como indícios evidentes da aproximação do fim dos tempos. Alguns falam em "cumprimento das profecias", referindo-se, com isso, principalmente aos discursos de Jesus sobre o fim, nos evange-lhos, sobretudo em Mt 24, e aos textos apocalípticos relacionados a esse tema.

Uma das características mais marcantes dessas correntes milenaristas é a compreensão da realidade histórica, do mundo em si, como irremediavelmente corrompida. Este mundo não tem jeito, está perdido definitivamente. Só num "outro mundo", criado e governado por Cristo, que substituirá este atual, os fiéis poderão gozar, enfim, da verdadeira paz. A destruição desta realidade presente, com tudo o que signifique "mal", incluindo os "maus" (pecadores, ímpios e inimigos de Cristo), é o passo primordial para a instauração do "novo céu e da nova terra". Os acontecimentos atuais são os indícios "evidentes", para os milenarismos, de que "o fim está próximo".

Milenarismo católico: não podemos fazer nada!

No imaginário religioso popular de muitos católicos, ficou difusa a afirmação: "de mil passará, a dois mil não chegará", ligada ao milenarismo, que muito se enfatizou nos movimentos católicos de cunho pentecostal. Alguns relacionam o terceiro segredo revelado por Nossa

Senhora nas aparições de Fátima aos horrores do fim do mundo, até às pregações que interpretam literalmente os textos evangélicos e apocalípticos, vendo na crise atual o "cumprimento das profecias". Existem grupos ainda voltados para a segunda vinda de Cristo e do "fim dos tempos". A volta de Cristo é esperada como uma grande manifestação da glória, na qual o Rei surgirá no céu, triunfal, acompanhado de sua corte celeste de anjos a tocar diante dele as trombetas e a convocar a todos, vivos e mortos, para o Juízo Final. Indiretamente, algumas tendências, dentro da Igreja, compartilham a ideia da irreversibilidade da destruição deste mundo, ao não priorizar a inserção e transformação da realidade. Para estes, Cristo, Rei da glória, é o que fará a grande obra do "novo céu e da nova terra", que será uma nova realidade, vinda do céu, e não a transformação desta realidade atual.

Milenarismos: previsões e datas!

Na tradição católica, a questão do milenarismo gira em torno de números redondos, como, por exemplo, o ano 2000. Na tradição evangélica, não necessariamente chegaram a marcar a data exata da segunda vinda de Cristo.

O segundo líder religioso das Testemunhas de Jeová, depois de sua fundação, Joseph Franklin Rutherford, ensinava que Cristo já tinha vindo de forma invisível para inaugurar o novo milênio em 1914, e que fora entronizado como Rei no ar superior. O fim do milênio vai acontecer, para ele, no ano 2914, quando haverá o Juízo Final.

Outra corrente, bastante difusa hoje, é a Legião da Boa Vontade (LBV). A iminência da volta de Cristo transformou-se no refrão desta instituição, mas com características mais genéricas, sem os apelos dramáticos do fim do mundo e do Juízo Final; mas estes acontecimentos continuam pressupostos, ainda que não abordados diretamente. Muitos baseiam suas previsões nos livros de Daniel e do Apocalipse. Contudo, o contexto do livro de Daniel e do Apocalipse são de perseguição e sofrimento. Os dois escritos nasceram para dar força e esperança aos fiéis perseguidos e sustentá-los na resistência e na vivência da própria fé.

Vamos entrar agora no contexto político do Império Romano no qual viveram as comunidades, de 70 a 135, e que é pano de fundo do livro do Apocalipse.

Roteiro para o estudo do tema

. Oração inicial
Conforme a criatividade do grupo.

. Mutirão da memória
Compor a síntese do conteúdo já lido por todos no subsídio. Caso as pessoas não tenham o subsídio, ficará a cargo do(a) líder expor a síntese.

Recurso visual
Distribuir revistas e jornais para que todos possam folheá-los, ler as manchetes e encontrar sinais de morte e sinais de esperança na sociedade de hoje.

. Partilha afetiva
Em grupos ou no plenário, dialogar:
• Por que as pessoas pensam que o mundo vai acabar?

4. Sintonia com a Bíblia
Ler o texto: 1Ts 5,1-11.

A primeira carta aos tessalonicenses mostra que os primeiros cristãos pensavam que o fim do mundo estava próximo. O apóstolo Paulo adverte a comunidade de Tessalônica a viver em paz e na confiança em Deus, pois ninguém sabe quando virá o Senhor.

Diálogo de síntese
• O que sustenta nossa esperança para vivermos no mundo de hoje?

Lembrete: para a próxima reunião, trazer lápis de cor, canetinhas ou canetas hidrocor, e papéis para desenhar.

2º tema
A história leva-nos para o novo

A catástrofe que se abateu sobre Jerusalém nos anos 66-70 E.C. marcou profundamente os rumos da comunidade judaica. Com Bar Kochba, muitos preferiram resistir até a morte a se render ao poder opressor.

Contexto político do Império Romano

O ano 70 E.C. é o marco divisor da história do século I. Nele culminou a primeira revolta dos Judeus contra o domínio de Roma. Jerusalém, o Templo e os muros da cidade foram quase totalmente destruídos. Essa situação de destruição atingiu, de igual modo, judeus e cristãos que frequentavam o Templo. Eles apenas se distinguiam pela fé ou não no Ressuscitado.

Uma rápida visão histórica dos imperadores que se sucederam no poder e o desenrolar dos principais fatos pode-nos ajudar a entender melhor a situação dos judeus e das primeiras comunidades cristãs depois do ano 70, no final do primeiro e início do segundo século da era cristã.

Tito Flávio Vespasiano (69-79)

Tito Flávio Vespasiano é mais conhecido por Vespasiano. Foi o primeiro imperador da dinastia dos Flávios. Com a morte de Nero, houve muitos pretendentes ao trono romano, e alguns o sucederam por pouco tempo: Galba (68), Otônio (69) e Vitélio (69); mas Vespasiano conseguiu se impor no ano de 69. Ele restabeleceu as finanças públicas, a ordem no governo e as ruínas dos monumentos deixados pelos seus antecessores, e iniciou a construção do Coliseu. Em sua gestão também foi fundada a cidade de Flávia Neápolis, que significa "nova cidade de Flávio", junto às ruínas da antiga Siquém, hoje conhecida como Nablus, na região da Samaria. Nela vive ainda hoje um reduto de samaritanos. Por ocasião da morte de Nero, Vespasiano comandava os exércitos romanos na Galileia, enviados para sufocar a revolta dos judeus, deflagrada no ano 66.

Primeira revolta judaica: fiéis até a morte

Vespasiano, ao partir para Roma, em plena disputa pela ascensão ao trono, confiou ao seu filho Tito o comando dos exércitos para a dominação da revolta dos judeus contra o império. No ano 70, Tito convocou quatro legiões do exército

A história leva-nos para o novo

omano para a invasão de Jerusalém, centro da revolta. Reuniu duas legiões em Cesareia e avançou com elas ao norte de Jerusalém, nas regiões de Jericó e de Emaús. No espaço de alguns meses, entre maio e setembro do ano 70, as legiões romanas,[1] com um grande número de auxiliares, foram penetrando na cidade, vindas de pontos estratégicos diferentes. Encontraram grande resistência e precisaram construir um muro de assédio à cidade para impedir a evasão da população, deixando-a morrer de fome e sede. Só desta maneira conseguiram gradualmente vencer todas as resistências do exército judaico formado por apenas 25 mil homens — liderados por Simão Bargiora e João de Gíscala — contra cerca de 80 mil homens comandados pelo general Tito. Conseguiram tomar a fortaleza Antônia, o Templo, a cidade baixa, a cidade alta e, por fim, o palácio de Herodes. Todo o povo de Jerusalém tornou-se prisioneiro por decreto do general romano. O Templo foi despojado, incendiado e destruído, bem como as casas e os prédios, permanecendo em pé apenas três torres para abrigarem a 10ª legião romana, sob a qual ficou a vigilância da cidade.

Mais tarde, o legado romano Lucílio Basso (71-72 E.C.) tomou as fortalezas de Herodion e Maqueronte, e seu sucessor, Flávio Silva, no ano 73 E.C., pôs fim à resistência sitiada na fortaleza de Massada, cidade construída sobre uma rocha de 80 metros de altura. Para tomá-la, os romanos construíram uma rampa que superou em seis metros os seus muros. Quando conseguiram invadi-la, os 960 habitantes que viviam nela, homens, mulheres e crianças, tinham-se suicidado coletivamente.

Luto, lágrimas e destruição

As consequências dessa guerra interferiram cruelmente na vida do povo da Judeia e da Galileia, mas sobretudo de Jerusalém. Muitos territórios judaicos passaram para o domínio do Império Romano. O Templo nunca mais foi reconstruído e, mesmo assim, os judeus foram obrigados a pagar o tributo anual da didracma, não mais ao Templo, mas à divindade romana Júpiter Capitolino. Essa guerra eliminou também diversos grupos influentes na comunidade judaica: saduceus, zelotas, sicários e essênios. Outros conseguiram sobreviver à chacina, como os fariseus e os cristãos. Um grupo de fariseus liderado por Rabi

---

[1] Cf. Aharoni, Y.; Avi-Yonah, M. *Atlante della Bibbia*. Pieme, Casale Monferrato, 1987.

Visão Global 15

ben-Zakai obteve licença do imperador Vespasiano e transferiu-se para a cidade de Jâmnia, onde formou o novo conselho do Sinédrio, o qual continuou exercendo sua autoridade sobre todos os judeus também da diáspora. As decisões tomadas por esse conselho dificultaram as relações entre os judeus e os judeu-cristãos, como veremos mais adiante.

Tito Flávio Vespasiano (79-81 E.C.)

Com a morte de Vespasiano em 79, assumiu o trono seu filho Tito (79-81 E.C.). Ele tinha o mesmo nome do pai, mas normalmente é identificado só por Tito. Já é conhecido por sua atuação como general do exército romano no cerco a Jerusalém e pela dominação da primeira revolta dos judeus. Governou por pouco tempo e foi sucedido pelo irmão, seu homônimo, Tito Flávio Domiciano.

Tito Flávio Domiciano (81-96 E.C.)

A característica principal desse imperador era a vaidade; ele gostava de ser aplaudido pelo povo. Sendo assim, levou ao auge o culto imperial e foi um déspota. Exigia obediência cega a suas ordens, pois se considerava um deus. O historiador Suetônio[2] afirma que os escritos oficiais começavam com estas palavras: "O nosso senho e deus ordena que se faça o que segue". Durante seu governo muito cristãos sofreram martírio porque se recusavam a prestar-lhe culto A história registra a morte de três parentes seus: Flávio Sabino, Flávio Clemente e Domitila, mortos por ateísmo, talvez por serem cristãos e não se terem submetido ao culto do imperador. Com a morte de Domiciano, terminou a dinastia dos Flávios. Sucederam-no ao trono: Nerva (96-98) e Trajano (98-117 E.C.).

No tempo de Trajano estourou outra revolta judaica no Oriente, de menores proporções que a primeira, causando muitas vítimas, sobretudo no Egito. Por fim, subiu ao trono Adriano (117-138 E.C.), o último imperador do período que nos propusemos estudar.

Adriano (117-138 E.C.)

No governo do imperador Adriano explodiu a segunda grande revolta judaica contra o Império Romano. Os motivos não são muito diversos da primeira que aconteceu entre 66 e 70 E.C.: o peso da imposição religiosa, cultural e econômica.

---

[2] LOHSE, E. *Contexto e ambiente do Novo Testamento.* São Paulo, Paulinas, 2000. p. 196.

A história leva-nos para o novo

Segunda revolta judaica: indignação e dor

A segunda grande revolta judaica deu-se fundamentalmente devido a dois decretos emanados pelo então imperador Adriano. Ele mandou construir sobre as ruínas do Templo de Jerusalém um templo dedicado a Júpiter Capitolino, divindade romana. Em seguida emanou um decreto que proibia a prática da castração, incluindo a circuncisão. A construção de um templo pagão na Cidade Santa e a proibição do sinal característico da Aliança trouxeram uma forte indignação entre os judeus. Eles logo entenderam que o Templo de Jerusalém não seria reconstruído e ficaria profanado o seu lugar sagrado. Seu próprio corpo deixaria de manifestar o sinal visível da aliança com Deus, pela circuncisão. Era impossível que não se reacendesse uma nova e forte indignação contra os romanos. A segunda grande revolta judaica foi liderada por Bar Kochba.

Bar Kochba: o filho da estrela

Os judeus haviam tirado lições da primeira revolta e se prepararam melhor para a segunda. Uniram-se, fortificaram diversas cidades, compraram armas e preveniram a população. Constituíram um comando centralizado sob a orientação militar de Bar Kochba e a orientação espiritual de Rabi Aquiba. Este visitou todos os lugares e países vizinhos — foi à Galia, à África ocidental e aos confins do Império Romano — para pedir apoio e ajuda à Babilônia, à Média e outros. Existe pouca documentação sobre os fatos da segunda revolta, mas por meio de documentos encontrados nas cavernas sabe-se que Bar Kochba era "Simão, filho de Koseba, príncipe de Israel". Bar Kochba significa "filho da estrela", nome dado a ele pelo Rabi Aquiba inspirado em Nm 24,17. Foi considerado "messias", descendente da estirpe de Davi.

A revolta foi iniciada no ano 131 E.C., próximo de Modin. O povo da Judeia reuniu-se ao redor de Jerusalém onde se encontrava a 10ª legião do exército romano. O governador romano Tinio Rufo foi obrigado a ordenar a retirada do exército e da população não judia de Jerusalém, transferindo-a para Cesareia. Os judeus tomaram conta de Jerusalém, cuidaram da administração e introduziram modificações no calendário. Nomearam chefes dos distritos e emitiram moedas judaicas com a inscrição: "Simão, príncipe de Israel. Ano I da libertação de Israel". Bar Kochba, diante do sucesso obtido na Judeia com o apoio que veio também de fora, tentou estender seu domínio até a Galileia.

27

Todos os que se opunham, por motivos religiosos ou políticos, eram perseguidos pelos rebeldes. Os cristãos, considerados como seita dentro do judaísmo, foram perseguidos por motivos religiosos, devido à interpretação que faziam das Escrituras em torno de Jesus de Nazaré, como Messias-Deus. O Império Romano opôs-se, por motivos políticos, a Bar Kochba e às forças de resistência e num primeiro momento foi vencido pelos rebeldes. Mas não desistiu e redobrou o seu exército, a tal ponto que no terceiro ano da revolta — 134 E.C. — Bar Kochba e os rebeldes foram constrangidos a deixar Jerusalém, a qual foi destruída. Os romanos passaram a controlar todas as vias de acesso à Judeia e a Jerusalém para impedir a fuga dos judeus revoltosos. Conquistaram, aproximadamente, 50 fortalezas, arrasaram mais ou menos 982 vilas e massacraram grande parte da população. O exército romano também sofreu perdas, mas bem menores. Apesar de tudo, Bar Kochba e seus rebeldes mantiveram o ânimo, e continuaram em pé resistindo ao exército romano.

No quarto ano da revolta — 135 E.C. — Bar Kochba e seus companheiros foram forçados a se refugiar na fortaleza de Beter. Os romanos cercaram-na com um muro, deixando-os sem provisões de alimento e água. No final do mesmo ano conseguiram penetrar na fortaleza e massacraram os que ainda sobreviviam inclusive Bar Kochba. Os demais focos de resistência, espalhados desde as regiões da Judeia até a Galileia, foram gradualmente vencidos.

O saldo foi muito negativo. Os motivos que provocaram a revolta dos judeus permaneceram. Sobre as ruínas de Jerusalém foi construída uma colônia romana com o nome de Aelia Capitolina e nela foi erigido um templo a Júpiter. A nova cidade foi habitada por não judeus, pois os judeus foram impedidos de morar em Jerusalém. Só a partir do século IV em diante lhes foi dada a possibilidade de entrar e recordar anualmente, no dia 9 de Ab (fim de julho e início de agosto), a destruição do Templo e da cidade.

É admirável a força e a resistência interior do povo judeu, que na sua história passou por tantas catástrofes e conseguiu manter sua identidade até hoje. É a fidelidade de Deus à aliança firmada com os seus pais. Neste contexto, como se situavam as comunidades cristãs?

Roteiro para o estudo do tema

1. Oração inicial
Conforme a criatividade do grupo.

2. Mutirão da memória
Compor a síntese do conteúdo já lido por todos no subsídio. Caso as pessoas não tenham o subsídio, ficará a cargo do(a) líder compor a síntese.

Recurso visual
Cada um pode pegar o papel e o material de desenho, e desenhar:

- Algo de valor que foi destruído, como, por exemplo, o tronco de uma árvore que foi cortado.
- Uma coisa nova que nasce da destruição, como, por exemplo, um broto novo nascendo do tronco cortado.

3. Partilha afetiva
Em grupos ou no plenário, dialogar:

O Império Romano destruiu Jerusalém. Foi uma perda dolorosa para o povo judeu e para a comunidade cristã. Mas tanto o judaísmo como o cristianismo encontraram caminhos novos para viver a fé. Isso acontece também em nossa vida.

- Por que motivo fiz os dois desenhos?
- Em minha vida, já senti a destruição e a perda de alguma coisa importante?
- Nasceu algo novo depois dessa perda?

4. Sintonia com a Bíblia
Ler o texto: Lc 19,41-44.

O evangelho de Lucas foi escrito depois da destruição de Jerusalém e do Templo, no ano 70. A comunidade reflete sobre o que Jesus pode ter sentido e falado, ao entrar na cidade, muitos anos antes.

Diálogo de síntese

O evangelho de Lucas traz um fato que foi muito doloroso para judeus e cristãos. Ilumina-o com a sua experiência de Deus e o transforma em Palavra de Deus.

- Em nosso dia a dia, conseguimos iluminar os fatos com a Palavra de Jesus?
- Isto tem trazido algo novo para nossa vida?

Lembrete: para a próxima reunião, cada um procure trazer algum objeto, ilustração, livro, foto, uma história para contar, ou qualquer coisa que lembre as religiões, crenças, ídolos e mitos que existem hoje em nossa sociedade.

3º tema

Muitos deuses e pouca humanidade
Contexto religioso do Império Romano

Os cristãos espalhados pelo continente da Ásia, Europa e África conviviam com as diferentes filosofias de vida e tradições religiosas. Sofreram suas influências, as quais são perceptíveis por meio dos escritos do Segundo Testamento, que surgiram sobretudo no final do primeiro século da era cristã.

Divindades ocidentais e orientais

A religião do Império Romano era politeísta, sendo assim admitia muitos deuses e deusas. Cada divindade respondia por uma área ou força da natureza. Havia já um sincretismo e fusão entre as divindades religiosas gregas e romanas. Como os gregos dominaram o Oriente antes dos romanos, eles já haviam deixado marcas de sua tradição religiosa em grande parte do império.

Divindades ocidentais: as forças da natureza

As divindades ocidentais gregas eram representadas por figuras humanas e personificavam o poder e a força da natureza. Júpiter, por exemplo, lançava raios e trovões. Possidônio acalmava e desencadeava as tempestades. Apolo tinha o poder de enviar e curar doenças. Afrodite era a deusa do amor e da beleza, e assim por diante. As divindades moravam junto aos bosques e às fontes de água, nas sombras das selvas. Elas governavam a vida. Delas vinham a fecundidade e a esterilidade, a bênção e o castigo. Cada cidade grega estava sob a proteção de uma divindade, a qual possuía o seu templo onde era venerada pelos fiéis.

Divindades orientais: monstros e temores

As divindades orientais, ao contrário das ocidentais gregas, eram representadas por animais terríveis, colocados em lugares muito reservados em que só os sacerdotes tinham acesso. O povo realizava a vontade dos deuses por meio da observância às leis e às ordens estabelecidas pelo rei — tido como filho da divindade —, e prestava-lhe o culto segundo as tradições e os costumes.

Entre os helenistas e os romanos não havia um dia por semana estabelecido como dia de descanso, como entre os judeus, mas havia ao longo do ano muitas festas. Nestes dias cultuavam a divindade e não trabalhavam. As grandes festas eram acompanhadas com os jogos olímpicos realizados de quatro em quatro anos. De dois em dois anos, em Corinto, aconteciam os jogos ístmicos[1] (1Cor 9,24-27).

Os templos eram normalmente construídos sobre lugares altos da cidade. Junto a eles havia locais reservados aos banquetes sagrados, para os quais eram convidados parentes e amigos (1Cor 10,20.25-28). Grande parte da vida social desenvolvia-se junto ao templo e a seu redor. As vítimas oferecidas em sacrifício eram animais e seres humanos. As pessoas a serem sacrificadas eram normalmente escolhidas entre os pobres que, em recompensa, recebiam um ano inteiro de boa alimentação por conta do poder público. No final de um ano transcorrido na abundância, deviam oferecer-se como "bodes expiatórios" pela comunidade.[2] Essa prática não existia entre os judeus. Abraão foi tentado a imitar a prática dos povos entre os quais ele se encontrava, mas foi impedido de sacrificar o filho (Gn 22,1-19). Há diferentes leituras e interpretações sobre esse texto, o qual vamos ver na terceira série, "Palavra: forma e sentido".

Divindades e imortalidade

Os romanos identificaram seus deuses com os deuses venerados pelos gregos. Assim o deus Júpiter, divindade romana, foi identificado com Zeus, divindade grega. Júnia com Afrodite, Mercúrio com Hermes e assim por diante. Havia templos em que as pessoas podiam consultar as divindades e, pelo oráculo dos adivinhos, saber qual era a resposta delas a seus problemas.

Nessas tradições religiosas não existia ainda clareza sobre a imortalidade da alma. Havia a concepção de que os mortos desciam ao mundo subterrâneo onde vagavam como sombra. Para os gregos, o dia da morte era considerado o dia do nascimento para a eternidade, quando o corpo abandonava a alma e ela voltava para o mundo divino. Em todas as tradições religiosas havia a preocupação de manter viva a lembrança do defunto, por meio das inscrições que aparecem nos túmulos. Algumas até convidavam os passantes para uma reflexão. Os familiares e amigos, em algumas datas especiais como o dia do nascimento e da morte, reuniam-se para lembrar a pessoa falecida.

---

[1] O termo ístmico vem de istmo. Em termos geográficos corresponde a uma faixa de terra que liga uma península a um continente. A cidade de Corinto é uma ilha ligada por istmo (faixa de terra) à Grécia, que faz parte do continente europeu.

[2] Cf. na Bíblia de Jerusalém, nota à 1Cor 4,13.

Os ricos ainda em vida garantiam uma "fundação" que devia servir à celebração de refeições comemorativas em sua honra depois da morte, a fim de que pudessem ser recordados com reverência, e seus túmulos ser sempre cuidados.

Religiões de mistérios: proteção perante o destino

Ainda hoje, muitas situações levam as pessoas a procurar na religião soluções para seus problemas e angústias e para a própria morte. E no período do Império Romano não era diferente, principalmente devido à profunda preocupação e insegurança que caracterizavam a vida das pessoas daquele tempo. Por isso, não faltaram, como não faltam hoje, práticas de superstição, magia, crendices e a busca do milagroso e maravilhoso como forma de proteção ante o destino. São exemplos dessas manifestações as *religiões de mistérios*, as quais têm esse nome porque seus adeptos não podiam contar a ninguém o aprendizado, o qual era reservado somente a pessoas iniciadas nos seus ritos. Contudo, quase todos — mulheres e homens, ricos e pobres, livres e escravos — podiam participar dos ritos de iniciação, com exceção dos assassinos e dos que não conheciam a língua grega.

Ritos de iniciação: um novo nascimento

Os adeptos passavam por um rito de iniciação para aprender fórmulas sagradas, sinais simbólicos por meio dos quais se comunicavam e se reconheciam entre si. A forma da consagração era diversa em cada rito mistérico, mas todos eles passavam a ideia do renascimento da pessoa para a imortalidade.

Os ritos de consagração reproduziam simbolicamente os mitos que existiam em torno das divindades, os quais representavam basicamente dois ciclos vitais da natureza: o nascimento e a morte. Os mistérios da cidade grega de Elêusis eram os mais conhecidos na região do mediterrâneo. "Eles celebravam a lenda cantada no hino a Deméter, atribuída a Homero. Hades, deus dos infernos, arrebatou Coré, filha de Zeus e Deméter, a mãe Terra. Deméter partiu à procura de Coré, instalou-se em Elêusis e enviou aos homens uma fome terrível. Quando Coré lhe fosse restituída, ela daria o trigo a Triptolemo, filho do rei, o qual a tinha acolhido. Mas Coré devia passar a terça parte do

Muitos deuses e pouca humanidade

ano debaixo da terra, nos ínferos. Reconhecemos aqui um mito da vegetação. Deméter e Coré velavam sobre os cereais e sobre os mortos. O iniciado revivia a corrida ansiosa de Deméter à procura da filha e assim chegava à bem-aventurança." [3]

Os iniciados eram levados a viver, sucessivamente, sentimentos contrastantes de alegria e dor, de carência e plenitude para chegarem a um estágio de "indiferença" que não os tornasse mais suscetíveis. Este era considerado o estado de bem-aventurança, o passo para alcançar a imortalidade.

Os mitos e seus significados

O mito ilustra o nascimento, o crescimento e a colheita dos frutos do campo que eram conservados em depósitos subterrâneos. Deméter chorava enquanto procurava a filha, e chegou a Elêusis onde foi bem acolhida. Em agradecimento ensinou ao rei a arte de cultivar cereais e o iniciou nos mistérios sagrados. Semelhantes são os mitos de Ísis, Osíres e Serápide. O iniciado nos mistérios de Ísis recebia antes uma breve instrução; passava por um banho de purificação; durante dez dias não podia comer carne nem beber vinho, e no final do décimo dia fazia o rito de consagração a Ísis. Nesse rito o candidato recebia uma veste de linho e ao pôr do sol era introduzido no santuário e consagrado. A experiência vivida pelo iniciado devia expressar a sua própria passagem pela morte, e o retorno à vida, tendo encontrado os deuses face a face e os adorado. Por este rito, descia-se ao mundo inferior para subir depois ao mundo superior, passando da morte para a vida dotado de forças superiores. Na manhã seguinte à celebração solene, o iniciado se apresentava ao povo vestido com 12 túnicas e ornado como o deus sol. Com essa iniciação havia nascido nele a vida divina, estava cheio de força e luz. Desse dia em diante devia servir a Ísis, seguir suas leis e ordens e comportar-se dignamente para ser julgado pelo juiz dos mortos, Osíres.

Em todo o Império Romano, as religiões mistéricas haviam se expandido rapidamente. Ísis era cultuada na Grécia, Itália, Ásia Menor. A deusa Cibele era cultuada em toda a Europa. As religiões mistéricas exerceram influências nas comunidades cristãs nascentes.

---

[3] COMBY, J.; LEMONON, J. P. *Vida e religiões no Império Romano*: no tempo das primeiras comunidades cristãs, São Paulo, Paulus, 1988. p. 22.

Influência das religiões mistéricas no cristianismo nascente

Muitas concepções das religiões mistéricas influenciaram a comunidade cristã. Assim como o iniciado tomava parte do drama cultual e era associado ao destino da divindade, do mesmo modo o cristão pelo batismo é associado à morte e ressurreição de Jesus Cristo e vive nele a vida divina. Adquire assim forças de imortalidade (Cl 3,1-4).

Paulo enfrentou muitas dificuldades com alguns cristãos que achavam estar salvos porque tinham recebido o batismo e a eucaristia (Rm 6,1-5). Para eles, o bom ou mau comportamento não alterava essa conquista (1Cor 10,1-13). Acreditavam que a salvação era um bem colocado a sua disposição e, por isso, podiam manipulá-lo segundo seus interesses. Paulo reage a essa concepção e afirma com clareza que o batismo e a eucaristia nos colocam sob a soberania de Jesus Cristo, porém a simples recepção deles não é garantia de salvação se não vivermos segundo suas exigências. Eles são dons que carregamos em vasos de barro.

Nas comunidades mistéricas, a consagração à divindade associava o iniciado ao seu destino e esta lhe comunicava a força e a vida divinas. Era uma espécie de ato mágico. Na fé cristã, a salvação é oferecida a todos pela palavra pregada que anuncia o Cristo crucificado como Salvador. O cristão é chamado a acolhê-la na fé e na obediência.[4]

As filosofias populares

No primeiro século da era cristã, duas escolas filosóficas se impunham na sociedade, os epicureus e os estoicos, com as quais Paulo se deparou em Atenas (At 17,18). As duas correntes tinham posturas diferentes perante o comportamento humano.

Epicureus: liberdade individualista

Os epicureus eram os adeptos da teoria iniciada por Epicuro (342-270 a.E.C.). Ele pregava uma liberdade total, mas não era libertinagem. Entendia que essa liberdade era alcançada quando o ser humano chegava a conquistar a verdadeira sabedoria. Como ele entendia essa sabedoria? Consistia em fazer em cada situação o que era justo. Isso implicaria, portanto, uma reflexão sábia para escolher o melhor e eliminar o que perturbava o equilíbrio da alma.

---

[4] Cf. VV.AA. Ritos e Celebrações no contexto da vida. In: *Diálogo*, São Paulo, Paulinas, n. 18, Ano V, 2000.

A plenitude da vida, segundo Epicuro, já devia ser experimentada aqui na terra e não no além. Cada qual devia perseguir esse ideal sem preocupar-se com a comunidade. Ele não era contra os deuses, mas deles nada esperava. Por isso, não se ocupava com eles. Nem todos entendiam essa filosofia de vida, e a viviam de forma particular, ou seja, havia os que a interpretavam como libertinagem, como a lei do menor esforço.

Os epicureus que deram origem ao epicurismo tinham muitos adeptos, embora fossem criticados por alguns, porque seus seguidores não tinham compromisso social e político, mas eram exclusivamente orientados para a felicidade individual. Pensavam somente na felicidade deste mundo. Entre os grupos judeus, havia os saduceus, que igualmente viam sentido só nesta vida e não acreditavam na ressurreição dos mortos.

Estoicos: renúncia e ascese pessoal

Os seguidores do estoicismo rejeitavam toda forma de prazer. A mortificação dos sentidos era o único caminho que podia dar o verdadeiro sentido para a vida. Eles sustentavam uma ética mais moderada que a dos epicureus. Para eles, o mundo é plenificado pela força da palavra divina e o ser humano participa dessa plenitude. Essa participação se dá não somente como obra criada por Deus, mas enquanto observa com temor e reverência a ordem da natureza, reconhece e segue a lei. Todo ser humano merece igual respeito, mesmo convivendo em classes sociais distintas.

Os estoicos cultivavam um elevado ideal de vida. Buscavam a liberdade interior diante dos bens deste mundo e não se consideravam donos do que possuíam. As contrariedades, os sofrimentos e as doenças deviam ser aceitos com passividade, como vontade de Deus. Pela observância da lei, deviam chegar a dominar as más paixões e os desejos maus.

Muitos elementos do estoicismo passaram para o cristianismo por meio das sinagogas helenistas, e podemos perceber isto na carta de Tiago, na qual são usadas com frequência imagens dos escritos estoicos: cabresto, timão (Tg 3,3-4); a lista de virtudes a serem praticadas e de vícios a serem evitados (Cl 3,18-4,1); a ideia do mundo presente como cópia do mundo futuro, associado à fé bíblica da criação (Cl 1,15; 2,17; Hb 8,5; 10,1).

Visão Global 15

O estoicismo e o epicurismo abrangiam também a dimensão espiritual, mas não eram uma religião. Ao contrário das religiões de mistérios e do gnosticismo, ambas se apresentavam como religião e tinham doutrina específica.

Os gnósticos: a centelha da luz divina

A palavra "gnóstico" vem de "gnose", que em grego significa conhecimento. Não se trata do conhecimento no sentido intelectual adquirido por meio do raciocínio, tendo como base uma pesquisa científica, como na filosofia grega, nem pela observância da lei como acreditava a comunidade dos essênios. Ao contrário, o ser humano recebe o saber por meio da revelação e esta lhe transmite o conhecimento de Deus. Como seres humanos, tomamos consciência "de quem éramos e o que nos tornamos; onde estávamos e onde fomos lançados; onde corremos e de que coisa fomos libertados; o que é o nascimento e o que é o renascimento".[5] Os adeptos desta tendência acreditavam que o ser humano podia alcançar a salvação por meio desse conhecimento.

O movimento gnóstico tem uma origem pré-cristã, mas se desenvolveu paralelamente ao cristianismo primitivo. Em 1945, nas pesquisas arqueológicas da cidade Nag Hamanadi, no Egito, foi descoberta uma biblioteca gnóstica contendo um arsenal enorme de evangelhos apócrifos, cartas e apocalipses. Esses escritos são fruto de interpretações gnósticas de adeptos cristãos. Houve muitas dificuldades e até conflitos entre os primeiros padres da Igreja e os seguidores dessa tendência, pelas diferentes interpretações que eles faziam das Escrituras. Tinham também as suas concepções sobre Deus, o homem, os anjos, a salvação. Em relação a Deus afirmavam que o verdadeiro Deus é transcendente e desconhecido. Não é o mesmo que é apresentado no Primeiro Testamento, como sendo o Criador do mundo e Pai de Jesus Cristo. A natureza humana é semelhante à natureza divina. O ser humano aprisiona, no seu corpo, uma centelha de luz divina que, por sua vez, está sujeita ao poder do demiurgo (isto é, criatura intermediária entre a natureza divina e a natureza humana). A queda dos anjos explica o estado real do ser

---

[5] LOHSE, *Contexto...*, cit., p. 245; cf. alguns escritos bíblicos que refletem influências gnósticas: 1Tm 6,3-5; Tt 1,10-16; 2Tm 2,14-18; 3,1-9; 4,3; 2Pd 2,1-3; 3,1-7.10-18.

38

Muitos deuses e pouca humanidade

humano e seu desejo de libertação. O conhecimento tem poder
de salvar o ser humano e é capaz
de dar-lhe a compreensão da sua
natureza humana e divina. Estes
são aspectos da doutrina gnóstica.

Influência gnóstica nos escritos do Segundo Testamento

No Segundo Testamento encontramos alguns textos que revelam
influências gnósticas, como na
discussão entre Pedro e Simão, o
mago, da Samaria. O povo acreditava que o Deus supremo havia se
encarnado e habitava em Simão, do
qual vinham poderes sobrenaturais
(At 8,9-24). A advertência do autor
da carta aos Colossenses contra as
"vãs e enganosas especulações da
'filosofia', segundo a tradição dos
homens, segundo os elementos do
mundo, e não segundo Cristo", traz
influência gnóstica (Cl 2,8-9.16-
23). A condenação dos falsos doutores (1Tm 4,1-11); a luta do autor
do livro do Apocalipse contra os
nicolaítas[6] (Ap 2,6.14-15.20-24); a
advertência da primeira e segunda
carta de João contra os anticristos
(1Jo 2,18-19.22; 4,1-6; 2Jo 7-11).
Todos estes textos refletem um certo
conflito com os princípios cristãos,
embora não fique claro se se trata

especificamente do gnosticismo.
Contudo, as concepções gnósticas
influenciaram diversos movimentos
batistas existentes na região da Síria
e da terra de Israel. Tudo indica que
os discípulos de João Batista e os
de Jesus trabalharam muito próximos
e em concorrência, conforme indica
o texto do evangelho de João 1,6-
8.15: "Ele [João] não era a luz, mas
veio para dar testemunho da luz"
que se manifestou plenamente em
Jesus Cristo. Esta afirmação dá a
entender que alguns viram em João
o salvador escatológico.

Ao movimento dos gnósticos,
próximo aos batistas, pertencia
uma seita conhecida como os
"mandeus", que ainda hoje sobre-
vivem na região da Mesopotâmia.
A denominação dessa seita deriva
da palavra "mandu", que também
significa conhecimento ou "gnose". Transformou-se no movimento
conhecido como mandeísmo. Para
eles, a humanidade é dividida em
bons e maus, o Universo em mundo
inferior da mentira, das trevas e da
decadência, e o mundo superior
constituído pela luz e a verdade,
em cujo ápice encontra-se o Deus
supremo com diversos nomes e
senhor luminoso dos espíritos.

---

6 Segundo santo Irineu, é uma seita fundada por Nicolau, um dos sete diáconos helenistas (cf. At 6,5). Sua heresia consistia num desvio moral, numa prática pagã, idolátrica, na complacência aos cultos pagãos. Os nicolaítas estavam presentes em Éfeso, Pérgamo, Tiatira e outras cidades.

39

O ser humano é formado por uma alma de luz e por um corpo de trevas, e nele se trava a luta entre o bem e o mal. Alguns profetas dotados de verdadeiro conhecimento são convidados, pelo alto, para libertar a parte luminosa do ser humano exilado neste mundo mau e lhe permitir voltar para a "morada da vida". Entre esses mensageiros de luz encontram-se Abel, Henoc, João Batista, Manda de Haiyê, o verdadeiro salvador batizado por João Batista. Há também os mensageiros maus que atrapalham, que querem impedir o ser humano de chegar ao conhecimento. Na comunidade dos mandeus são conhecidos três ritos principais para revigorar a alma para a travessia para o mundo superior: o batismo, tido como uma espécie de passaporte, a unção com óleo e a comunhão.

Influências gnósticas na Ásia Menor

Em Colossos surgiram mestres que ofereciam proteção contra os elementos hostis do mundo. Esses elementos eram apresentados como poderes angélicos que governavam a ordem do cosmo e guiavam os destinos dos seres humanos (Cl 2,8.20). Eles diziam que os cristãos podiam ter acesso a isso, seguindo o culto e as prescrições impostas por eles. Deviam ainda observar os tempos sagrados estabelecidos por eles, os dias de festa, a lua nova, o sábado (Cl 2,16), e evitar determinadas comidas e bebidas (Cl 2,21). Há nesta doutrina uma fusão de especulações cosmológicas e traços legalistas de tradições judaicas.

As chamadas cartas pastorais (1 e 2Tm e Tt) também demonstram uma forte reação aos gnósticos que afirmavam, em relação à ressurreição, que esta já tinha acontecido (2Tm 2,18), e em relação ao matrimônio e a certas comidas, que deviam abster-se (1Tm 4,3). No livro do Apocalipse são nomeados os nicolaítas (Ap 2,6.16), que estavam convencidos de terem o conhecimento profundo de Satanás (Ap 2,24), por isso, podiam comer carnes imoladas aos ídolos e praticar a fornicação (Ap 2,14-15). Na carta a Judas também aparece uma recriminação à ética libertina praticada pelos gnósticos: Jd 8.10.18.

O evangelho e as cartas de João trazem uma polêmica explícita contra a mistificação gnóstica, sobretudo no evangelho. O autor do 4º evangelho afirma categoricamente contra os gnósticos que desprezavam a criação e a carne, que tudo foi criado por meio do Logos e que o Logos se fez carne (Jo 1,1-3.14). Se o mundo permanece nas trevas não é consequência da queda fatal, mas culpa dos que não acolheram a luz (Jo 1,5.10).

Na primeira carta de João aparece com clareza a tendência gnóstica que não aceita Jesus vindo na carne, na condição humana. Eles acreditavam que Jesus veio apenas representado em figura humana, mas não era real. O autor da primeira carta de João é categórico em rejeitar essa afirmação: "Jesus Cristo veio na carne" (1Jo 4,2). Ele se tornou verdadeiramente homem e "veio pela água e pelo sangue: Jesus Cristo, não com a água somente, mas com a água e o sangue" (1Jo 5,6).

Os escritos no Segundo Testamento testemunham sem dúvida que os ensinamentos dos gnósticos em muitos momentos entraram em contraste com a pregação cristã. Na tradição cristã primitiva das Palavras de Jesus e no evangelho apócrifo de Tomé encontram-se recusas explícitas às ideias gnósticas da criação e do mundo.

No século II E.C., tornou-se conhecida uma obra de espiritualidade gnóstica contendo hinos. Ela é conhecida sob o título de *Odes de Salomão*. Num desses hinos reconhecia-se a salvação obtida, na qual o redimido também tem um corpo de luz sobre o qual as trevas não têm mais nenhum poder.[7]

---

[7] LOHSE, *Contexto...*, cit., pp. 243-268.

Roteiro para o estudo do tema

1. Oração inicial
Conforme a criatividade do grupo.

2. Mutirão da memória
Compor a síntese do conteúdo já lido por todos no subsídio. Caso as pessoas não tenham o subsídio, ficará a cargo do(a) líder expor a síntese.

Recursos visuais
Expor o material que foi encontrado sobre as religiões, crenças, mitos e ídolos de nossa sociedade. Conversar sobre eles. Se alguém tem fatos para contar, pode fazê-lo também.

3. Partilha afetiva
Em grupos ou no plenário, dialogar:

No Império Romano havia milhares de propostas religiosas e de idolatrias que oprimiam, marginalizavam e alienavam sempre mais o povo e influenciavam a vida cristã.

• Na vida dos cristãos de hoje, estas coisas também acontecem?

• Pode-se dizer que há opressão, marginalização e alienação religiosa, hoje?

4. Sintonia com a Bíblia
Ler o texto: At 19,19-40.

O apóstolo Paulo, em Éfeso, manda destruir os livros de feitiçaria e conscientiza o povo sobre a manipulação religiosa que havia no templo da deusa Ártemis.

Diálogo de síntese
• Quais são as influências que a fé cristã sofre hoje?

• Que atitudes podemos tomar diante da realidade religiosa do mundo de hoje?

Lembrete: para a próxima reunião, trazer material para a construção de um caminho: areia, pedras, pequenas plantas, papel azul para fazer riachos e rios, papelão para as pontes, e outras coisas que sejam úteis. Trazer também jornal, ou um pano grande, para construir o caminho sobre ele.

4º tema

A fé percorre um caminho

N a Ásia formaram-se três grandes centros de irradiação da fé cristã no primeiro século da era cristã: Jerusalém, Antioquia da Síria e Éfeso. No mesmo período surgiram muitos escritos do Segundo Testamento.

Situação das comunidades cristãs de 70-135 E.C.

No contexto do Império Romano, cada povo e província podia manter o próprio culto religioso. Alguns imperadores, porém, obrigavam os povos dominados a oferecerem culto ao imperador e às divindades do império. Deviam ainda fornecer os soldados para o exército romano e reconhecer a autoridade do imperador. Os judeus eram isentos de prestar o culto, embora tivessem obrigação de oferecer um sacrifício diário no templo, antes da destruição, nas intenções do imperador. Os judeus gozavam de alguns privilégios diante do império: podiam seguir suas tradições e costumes religiosos e eram dispensados do serviço militar. Os cristãos, considerados pelos romanos como judeus, de início também gozavam desses privilégios, mas diante do crescente conflito com o judaísmo estrito estabelecido em Jâmnia, após a destruição do Templo no ano 70 E.C., foram perdendo-os.

As comunidades cristãs, depois dos anos 70, já se encontravam espalhadas pela Ásia, África e Europa. Viviam relativamente em paz em todo o império, salvo no tempo dos imperadores Nero, Domiciano e Trajano, que as perseguiram por elas não aceitarem prestar-lhes culto. Mesmo assim, conseguiram formar centros de irradiação do Evangelho, como por exemplo nos continentes asiático — Jerusalém (At 8,1), Antioquia da Síria (At 11,19.26; 13,1-3) e Éfeso; africano — Cirene e Alexandria, no Egito; e no europeu — Roma, na Itália, e Corinto, na Grécia. Cada um desses centros tinha o seu modo de viver a fé, o seu jeito de anunciar o Evangelho e de celebrar a eucaristia, como consequência do seu estilo de vida, das suas experiências e de sua realidade e compreensão da mensagem de Jesus.

Comunidades cristãs da Ásia

As comunidades da Ásia iniciaram-se na terra de Israel e logo se

A fé percorre um caminho

espalharam pela Síria e pela atual Turquia.

1. Terra de Israel: distanciamento do judaísmo

Os cristãos da terra de Israel eram, na grande maioria, judeus de nascimento, por isso, podiam frequentar livremente as sinagogas. Algumas vezes as interpretações dos textos bíblicos feitas pelos rabinos provocavam discussões nas comunidades cristãs locais. Os cristãos, a partir da experiência de Jesus, começavam já a fazer nova interpretação das Escrituras, distanciando-se assim cada vez mais das interpretações dos rabinos. As dificuldades cresceram depois dos anos 70. Os judeus estavam ressentidos com os cristãos, porque estes não haviam aderido à revolta contra o império. Eles então foram considerados traidores e perseguidos pelos seus conacionais.

Depois da destruição da cidade e do Templo de Jerusalém, e da extinção de diversos grupos influentes da época como os saduceus, os zelotas e os sicários, o movimento dos fariseus foi obrigado a reorganizar-se dentro da nova situação. Transferiu a sede do Sinédrio de Jerusalém para a cidade de Jâmnia,

próximo ao litoral do Mar Mediterrâneo, a oeste de Jerusalém. Nesta cidade, provavelmente no ano 85 ou 90, promoveu-se uma reunião na qual foram tomadas decisões que afetaram a nascente comunidade cristã:

• aprovaram, para uso exclusivo, os livros da Bíblia escritos em língua hebraica. Com isso, foi proibido o uso da Bíblia traduzida do hebraico para o grego, conhecida como "Septuaginta" ou "Setenta". Esta decisão trouxe muita dificuldade para quem não sabia mais ler nem falar o hebraico, pois, no tempo de Jesus, falava-se o aramaico e o grego. As famílias de cultura judaica ainda conheciam e falavam o aramaico, que é muito parecido com o hebraico, porém o grego era mais conhecido e usado. Muitos só falavam e liam nesta língua;

• a segunda decisão foi em relação à observância rigorosa da Lei de Moisés. Todos os que se consideravam fiéis ao Senhor deviam observar, com fidelidade, todas as leis descritas na Torá: prática da circuncisão, as leis de pureza, as leis alimentares, a observância do sábado como dia do descanso e muitas outras;

• o lugar escolhido como centro da vida religiosa e do culto para os

45

Visão Global 15

judeus era a sinagoga. O Templo não existia mais e até hoje não foi reconstruído. Os cristãos de origem judaica frequentavam tanto o templo quanto a sinagoga. Mas, a partir daquele momento, deviam aderir às normas impostas pelo Sinédrio para continuar a frequentar a sinagoga.

Os cristãos, porém, não se submeteram a tais exigências e foram expulsos. Este decreto passou a vigorar em todas as sinagogas judaicas da terra de Israel e da diáspora. Dessa época em diante, os cristãos não puderam mais participar do culto nas sinagogas. Eram hostilizados pelos judeus. A 12ª oração, das 18 rezadas no culto semanal da sinagoga, na época, reflete essa hostilidade dos judeus em relação aos cristãos: "Não haja esperança para os apóstatas, e possas tu destruir logo o descarado governo e possam desaparecer num bater de olhos os nazarenos (isto é, judeu-cristãos) e os minim (isto é, judeus hereges) sejam cancelados do livro da vida e não sejam inscritos entre os justos. Louvado sejas tu Senhor que dobras os desaforados".[1] Essas medidas atingiram em cheio as comunidades cristãs, as quais concluíram que precisavam encontrar seus próprios caminhos.

Se até os anos 70 havia um certo pluralismo dentro do judaísmo, no qual conviviam diferentes movimentos e tendências religiosas, tal convívio foi-se tornando cada vez mais difícil. O judaísmo rabínico ortodoxo começou a criar problemas com a comunidade cristã, culminando com as decisões de Jâmnia, em 85 ou 90, quando os cristãos foram expulsos das sinagogas. Até certo ponto isto foi providencial para as comunidades, que foram obrigadas a fazer escolhas e a "dar razão [para a sua] esperança" (1Pd 3,15). Tiveram de reafirmar a fé nos livros traduzidos do hebraico para o grego, como livros inspirados e sagrados. Parece ser simples, mas não era, pois o hebraico era considerado língua sagrada pela qual Deus se revelou. Mas os cristãos acolheram a possibilidade de Deus se revelar e manifestar-se também por meio de outras línguas e em locais diferentes. As casas, que antes eram apenas de uso familiar, agora se tornaram pequenas "igrejas domésticas", nas quais os cristãos se reuniam para a oração e a celebração.

Igrejas domésticas: a novidade da vida cristã

Os cristãos expulsos das sinagogas começaram a se reunir nas

---

[1] Lohse, *Contexto...*, cit., p. 152.

46

A fé percorre um caminho

casas de algumas famílias em que havia mais espaço para acolher a comunidade. O livro dos Atos dos Apóstolos registrou alguns desses encontros: a acolhida de Pedro e de outras pessoas na casa da mãe de João Marcos (At 12,12); e, em outra ocasião, em Trôade, já tarde da noite, enquanto Paulo ensinava e celebrava a eucaristia, um jovem sentado no peitoril da janela, cochilou e caiu do terceiro andar (At 20,9). Havia entre as comunidades um intercâmbio de orações, notícias e saudações reveladas em diversos textos: "Saudai os irmãos de Laodiceia e Ninfas, bem como a Igreja que se reúne em sua casa" (Cl 4,15). A casa da família tornou-se o lugar não só dos membros que se unem pelos laços de sangue, mas também pelos laços da fé.[2]

No sistema patriarcal do povo de Israel, o pai tinha poder absoluto dentro de casa. Tinha o domínio sobre os filhos, os animais, os escravos, os objetos e a mulher. O Universo era visto também como a casa de Deus, cópia da casa humana. Tinha leis estáveis que o mantinham na ordem e garantiam a vida na sucessão dos dias e das noites, dos meses e anos, na sequência das

quatro estações. Do mesmo modo leis estáveis deviam reger a casa do pai de família e a casa do imperador, responsável pelo império. As leis, os decretos e as normas emanadas por eles eram sagrados, porque eram cópias da grande ordem estabelecida por Deus no Universo. Quem não aceitasse a ordem do pai dentro da casa familiar e a ordem do imperador na casa maior do império opunha-se à ordem estabelecida por Deus. Deste modo era legitimada a autoridade do pai e do imperador. Mas a casa para os cristãos não devia reproduzir o esquema autoritário da casa do pai e da casa romana do império.

Na casa dos cristãos onde a comunidade se reunia, Deus era reconhecido como Pai de todos, o pai da família, o pai da comunidade. Só ele devia ter domínio sobre os filhos, animais, escravos, objetos, a mulher e os membros da comunidade. Todos, homens e mulheres, deviam encontrar-se diante dele como filhos, irmãos e irmãs que buscavam, em conjunto, realizar a vontade de Deus Pai. Este sentido de Deus, Pai de todos, esvaziava o poder autoritário do pai de família e do imperador romano. Também

---

[2] Outros textos indicativos de reunião dos cristãos nas próprias casas: Rm 16,5.15; 1Cor 16,19; Fm 2; At 16,15.

eles eram chamados a se tornar filhos e irmãos na mesma busca do bem comum e no serviço. A casa-Igreja devia tornar-se lugar de novas relações na convivência familiar e comunitária. A experiência agradou, cresceu e se desenvolveu na forma de associações.

A união faz a força

A associação era reconhecida juridicamente pelas autoridades. Ela servia para ajudar as pessoas de uma mesma categoria a se organizar e defender os seus direitos. Elas cresciam mais nas grandes cidades em que muitas pessoas não se conheciam e viviam no anonimato. Sentiam necessidade de se unir pelos mesmos interesses ou pela mesma fé. Havia associação dos padeiros, ferreiros, tendeiros, estrangeiros, judeus, cristãos e outras, as quais eram conhecidas como "Collegium" (isto é, colégio) ou politeuma (organização) entre pessoas com o mesmo interesse ou motivação religiosa. Assim, os judeus se reuniam em associações nas suas sinagogas para defender seus direitos, ajudar-se na observância da lei de Moisés e manter firme a fé no Deus que caminha com seu povo e o protege.

Os cristãos também se reuniam em associações para se organizar como igrejas domésticas, e conviviam com judeus, gregos, escravos, livres, homens e mulheres (Gl 3,28). Em suas comunidades os migrantes sem-casa e excluídos deviam ser acolhidos. Esta era a condição de muitos cristãos, sobretudo na Ásia. Aprendiam a conviver com pessoas de diferentes culturas e condições sociais apostando nos mesmos valores e professando a mesma fé.[3]

Em muitas dessas comunidades situadas em diferentes regiões, com experiências de fé e reflexão cristã diversas, surgiram escritos que posteriormente integraram o Segundo Testamento.

Carta de Tiago: mensagem a judeu-cristãos

A carta de Tiago foi agrupada, muito cedo, a outras seis cartas que levaram o nome de Cartas Católicas, porque não se destinam a uma pessoa ou comunidade cristã determinada, mas se dirigem aos cristãos em geral. Do grupo das cartas católicas, além da carta de Tiago, fazem parte as três cartas de João, uma de Judas e duas de Pedro. Vamos conhecê-las mais adiante, quando veremos as

---

[3] VV.AA. *Viver e Anunciar a Palavra*. São Paulo, CRB/Loyola, 1995. pp. 38-41.

A fé percorre um caminho

comunidades da Ásia Menor. A carta de Tiago apresenta uma polêmica em torno da Lei de Moisés.[4] Tem muitas exortações de cunho moral, como a prática da palavra (Tg 1,22); das obras de caridade cristã (Tg 2,14); do respeito devido aos pobres (Tg 2,5-6); da admoestação aos ricos (Tg 5,1-2). Esta temática faz pensar que a carta se dirige às Igrejas da Circuncisão, isto é, aos cristãos vindos na sua maioria do judaísmo. Pelo conteúdo, sua redação, de forma geral, é situada pelos estudiosos na terra de Israel.

Autor da carta de Tiago

É muito difícil saber, de fato, quem foi o autor da carta, mesmo que ele se identifique com "Tiago, servo de Deus e do Senhor Jesus Cristo". O Segundo Testamento apresenta quatro pessoas com o nome de Tiago: Tiago Maior, o filho de Zebedeu e irmão de João, que pertenceu ao grupo dos Doze e se destacou no meio deles (Mc 1,19; 3,17; 5,37); Tiago, filho de Alfeu, também integrante do grupo dos Doze (Mc 3,18; Tiago Menor, que aderiu ao movimento de Jesus depois da sua morte (Mc 15,40), tornando-se testemunha do Ressuscitado (1Cor 15,7) e chefe da comunidade

de Jerusalém entre os anos 40-60 E.C. (Gl 1,19); e Tiago, o pai do apóstolo Judas (Lc 6,16; At 1,13).

A carta é atribuída a Tiago Menor, mas existem muitas dúvidas quanto ao vocabulário, estilo e conteúdo, pois não faz menção à função de liderança que ele exerceu na primeira comunidade cristã, nem à sua defesa da lei e das observâncias judaicas (At 15,13-29).

A hipótese mais aceita quanto à origem da carta é a que a localiza na terra de Israel ou na Síria, embora alguns considerem, como possibilidade, o Egito. O escrito teria surgido depois dos anos 70, quando os grupos cristãos estavam fora do influxo judaico. Talvez o verdadeiro autor tenha sido um judeu-cristão que pertencia à comunidade de Jerusalém, o primeiro grande centro de irradiação da fé cristã. O escrito foi colocado sob a autoridade de Tiago para recomendar as orientações e instruções dirigidas aos grupos cristãos que viviam no contexto do helenismo.

A situação da comunidade: Jesus é a nova Torá

O contexto apresentado na carta de Tiago parece apontar Jerusalém como a comunidade que primeiro

---

[4] Cf. Tg 1,25; 2,8-12; 4,11.

49

proclamou Jesus como "Senhor" (Mt 21,9.42; 22,43-45),[5] título que expressa a sua filiação divina e a entronização junto de Deus, cujo tema Tiago retoma em sua carta (Tg 1,1; 2,1). A fé em Jesus, para esta comunidade, é a chave de interpretação de toda a Torá. O estilo homilético exortativo faz pensar que tenha surgido no contexto das comunidades cristãs com predominância judaica, quando ainda frequentavam as reuniões nas sinagogas. De fato, na tradição judaica, a fidelidade à observância da lei é um dos elementos característicos.

2. Antioquia da Síria

A cidade de Antioquia, como vimos, situa-se no continente da Ásia. Era a capital da província romana da Síria. Centro importante não só do ponto de vista político e econômico do império na região, mas também imprescindível para as comunidades cristãs da diáspora. Dela partiram as primeiras expedições missionárias para Chipre e Ásia Menor (At 13,4); é considerada o segundo grande centro de irradiação missionária,

depois de Jerusalém; e nela nasceu o evangelho de Mateus.

O evangelho de Mateus: uma síntese judeu-cristã

Autor, local e data

O evangelho de Mateus reflete o contexto vivido pelas comunidades do norte da Galileia e da Síria. Assim, há quem considere que tenha sido escrito no norte da Galileia, enquanto outros situam sua redação em Antioquia da Síria. Contudo, há o consenso de que seu autor se dirigiu prioritariamente aos cristãos vindos do judaísmo, embora não exclua a possibilidade de haver também a presença de alguns helenistas. Muitos judeus teriam migrado para a cidade de Antioquia ainda no tempo da revolta dos Macabeus (167 a.E.C.). Os cristãos teriam chegado provavelmente com a perseguição, depois da morte de Estêvão, no ano 34 E.C. (At 11,19-29).

O evangelho traz algumas características típicas que revelam o ambiente de tradição judaica, como o interesse pela Lei (Mt 5,21-48); questões relacionadas com o divórcio (Mt 19,3-9; 5,31-32); usos judaicos sem qualquer explicação de

---

[5] Senhor é o título dado a Deus nos escritos do Primeiro Testamento; no Segundo Testamento é atribuído a Jesus.

A fé percorre um caminho

como fazê-los, como: as purificações levíticas (Mt 15,1-9; cf. Mc 7,3); o uso de franjas e filactérias nas vestes (Mt 23,5); o fanatismo dos fariseus e escribas na busca de um prosélito (Mt 23,15); os sepulcros pintados de cal (Mt 23,27); alguns conceitos típicos no judaísmo como Reino dos céus, justiça e perfeição;[6] a limitação da ação de Jesus "às ovelhas perdidas da casa de Israel" (Mt 10,6; 15,24). São expressões, usos e costumes tipicamente judaicos.

Mateus faz referência também a alguns costumes gregos, como o tipo de juramento conhecido pelos gregos e não pelos judeus (Mt 5,36); a prisão por causa de dívidas (Mt 5,25-26) e a crítica ao modo de rezar dos gentios (Mt 6,7). A transcrição desses costumes pode indicar a existência de cristãos vindos também do helenismo, embora em número menor. Outra particularidade é que só Mateus faz referência à Síria (Mt 4,24), e traz a expressão "raká", que significa imbecil e é típica dessa região (Mt 5,22).

A respeito da sua autoria, há divergências. Papias, por volta do ano 140 E.C., afirma que Mateus é o responsável pelo evangelho que leva o seu nome, e o próprio autor

se identifica com o publicano, um dos Doze que Jesus chamou (Mt 9,9; 10,3), e que Marcos e Lucas chamam de Levi (Mc 2,14; Lc 5,27). Mas apesar disso e de a tradição contida nesse evangelho remontar ao apóstolo Mateus, é bem possível que não seja ele o seu autor, pois foi escrito por volta dos anos 80 a 90 da E.C.

É muito provável que o Evangelho seja o resultado final de um processo de redação que pode ter se originado de uma tradição oral em aramaico, mas o texto chegou a nós só na versão grega.

Comunidade de Mateus: perguntas feitas à fé

A comunidade de Mateus enfrentou muitas dificuldades internas e externas depois dos anos 70, com a progressiva exclusão dos cristãos das sinagogas, tendo de se reorganizar e buscar na oração, reflexão e diálogo uma resposta a questões centrais que foram surgindo no seio da comunidade cristã: Jesus é ou não o Messias? Somos a continuidade do povo de Israel ou não? Devemos ou não observar todas as leis da tradição judaica? Jesus continua no meio de nós ou não? A partir destes

---

[6] Reino dos céus em Mateus: 3,2; 4,17; 5,3.10.19-20; 7,21; 10,7; 11,11-12; 13,11.24.31.33.44-45.47.52; 16,19; 18,1.3-4.23; 19,14; 20,1; 22,2. Justiça em Mateus: 3,15; 5,6.10.20.25; 6,1.33; 21,32; 23,23. Perfeição, perfeito em Mateus: 5,48; 19,21; 21,16.

questionamentos a comunidade precisou reler e reinterpretar toda a vida, ensinamento e ação de Jesus, como Messias e Filho de Deus, que veio realizar e levar à plenitude as Escrituras.[7]

A partir do ano 85, a sinagoga não era mais o lugar de reunião da comunidade cristã. Os cristãos acabaram sendo proibidos de frequentá-la. Passaram, então, a se reunir nas próprias casas para celebrar a fé em Jesus e organizar a ação. Não foi tarefa fácil!

Na comunidade judeu-cristã, a figura de Pedro tinha grande destaque. Ele é apresentado, neste evangelho, como discípulo e testemunha do Jesus histórico. As discípulas e os discípulos formam o novo povo de Israel com os Doze. Eles são os profetas, os sábios e os escribas da nova lei (Mt 13,52; 23,34). Representam todo e qualquer discípulo e discípula que se coloca no seguimento de Jesus (Mt 16,8; 17,20). A comunidade de Mateus encontrou nesse evangelho a luz necessária para superar suas dificuldades e viver a fé no Emanuel, Deus conosco.

De Antioquia da Síria a fé se espalhou por toda a Ásia Menor, sobretudo por meio das viagens de Barnabé, Paulo e outros missionários. Éfeso tornou-se o terceiro grande centro missionário, ponto de partida de muitas viagens e lugar provável de vários escritos bíblicos.

3. Éfeso, na Ásia Menor: uma escola teológica

Como vimos no estudo anterior, Éfeso era uma das cidades da Ásia Menor que favorecia a comunicação com o restante do continente, devido a seus dois portos e a seu grande desenvolvimento econômico. No ano 53, no início de sua terceira viagem, Paulo fez de Éfeso seu novo centro missionário, permanecendo ali por cerca de três anos (At 19,1-10; 20,31). Apesar da forte resistência por parte dos judeus, Paulo conseguiu fundar diversas comunidades em torno de Éfeso. Nos últimos decênios do primeiro século, nessa região ainda existiam importantes igrejas. As sete igrejas que no livro do Apocalipse recebem uma advertência situam-se todas aí (Ap 2,1–3,22).

Tudo indica que após a morte de Paulo as comunidades da região em torno de Éfeso passaram por uma grande transformação. No fim do primeiro século a região já era o

---

[7] VV.AA. O Evangelho Segundo Mateus. In: *Seguir Jesus: os Evangelhos*. São Paulo, CRB/Loyola, 1994. pp. 130-133.

centro de atuação da "Escola joanina", isto é, do grupo de discípulos imbuídos da teologia do apóstolo João. Aprofundaremos, mais adiante, a questão da passagem dessas comunidades da teologia paulina para a teologia joanina.

Entre os escritos do Segundo Testamento, encontramos uma carta aos efésios. Desde o começo ela foi atribuída a Paulo, mas, de fato, não teria sido ele seu autor. Essa carta integra um grupo de cartas conhecidas sob o nome de deuteropaulinas ou pseudopaulinas.

Cartas deuteropaulinas: nos passos do Apóstolo

As cartas aos efésios, aos colossenses e a segunda carta aos tessalonicenses fazem parte do grupo das pseudo ou deutero cartas de Paulo. As outras cartas que também eram atribuídas a Paulo são: 1 e 2 Timóteo e Tito, as quais recebem uma classificação à parte, como cartas pastorais. Trataremos delas separadamente.

Efésios e Colossenses se dirigem a duas comunidades cristãs da Ásia Menor, que conheceremos a seguir. A segunda carta aos tessalonicenses se dirige a uma comunidade da Grécia, no continente da Europa, que iremos conhecer quando falarmos das comunidades e escritos surgidos naquele continente.

Um número significativo de estudiosos entende que estas cartas não foram escritas nem ditadas por Paulo, embora até hoje muitos afirmem que ele é seu autor. Elas são da autoria de discípulos deste apóstolo que as atribuíram ao seu mestre para dar-lhes valor e autoridade. Essa prática é chamada pseudonímia, comum na época e aceita por todos. Os discípulos tinham ainda a preocupação de reunir os escritos do mestre para torná-los conhecidos e aceitos em outras comunidades. Este foi um importante critério para que tais escritos entrassem no cânon do Segundo Testamento. Graças ao trabalho desses discípulos, Paulo se tornou conhecido e lido em toda a Igreja e não só nas comunidades que ele iniciou e acompanhou.

Carta aos Efésios

Autor, local e data

A carta aos Efésios não parece ter sido endereçada à comunidade dos efésios desde o início. Muitos documentos antigos, como o Papiro nº 46 e outros, não trazem o nome de Éfeso, e assim é omitido no começo da carta na maioria das traduções (cf. Ef 1,1). Por isso, muitos estudiosos pensam que seja um acréscimo posterior. Houve quem afirmasse que essa carta era destinada à comunidade de Laodiceia, e não à de Éfeso. De fato, a carta aos Colossenses faz referência a uma carta para a comunidade de Laodiceia (Cl 4,16), mas esta não chegou ao nosso conhecimento.

Paulo viveu em Éfeso por cerca de três anos e teve intensa atividade missionária nessa cidade. Mas na carta aos Efésios o autor tem uma relação distante com a comunidade, e jamais a interpela. As saudações finais são muito impessoais, não trata de questões concretas da vida da comunidade, até mesmo parece dar a entender que não conheceu a comunidade (Ef 1,15; 3,2-4; 4,21). Então, os estudiosos concluem que esta carta não pode ser do próprio Paulo, mas, provavelmente, de um discípulo dele.

Não se sabe ao certo em que local a carta foi escrita, pois o seu autor afirma estar preso, mas não indica o lugar. Pode ter sido em Roma, Éfeso ou até mesmo em Cesareia. A data de sua redação é situada entre os anos 80 e 90.

Comunidade cristã de Éfeso: teologia da Igreja

Pela carta não dá para perceber, com clareza, quem são os seus destinatários, mas tudo indica que a comunidade seja de origem pagã, pelo uso frequente que o autor faz de "nós" e "vós" (Ef 1,12-13; 2,1.3.11). Não aparecem adversários externos à comunidade, nem advertências contra heresias, como veremos mais tarde em relação às cartas de João.

O autor chama a atenção sobre dois temas centrais na carta: a Igreja e a vida cristã. Ele apresenta a Igreja com caraterísticas universais (Ef 3,10s) e usa três imagens muito significativas para explicá-la: corpo (Ef 1,23; 4,16), edifício (Ef 2,19-22) e esposa (Ef 5,22-23). Jesus é apresentado a essa Igreja como o Pantocrator, isto é, o que governa todo o Universo (Ef 1,20-22). Nela se desenvolvem diversos ministérios, como o de apóstolos, profetas, evangelistas, pastores e mestres (Ef 4,11). É uma Igreja dinâmica e organizada. O autor pede coerência com a mensagem cristã aos que abraçaram a fé pelo batismo, agindo segundo o "homem novo" (Ef 2,15; 4,24). Decorrente dessa temática, após a introdução e o prólogo, o autor apresenta uma parte doutrinal sobre a Igreja (Ef 1,15–3,21) e outra parte exortativa (4,1–6,20), seguida de notícias e saudações finais.

Semelhanças entre as cartas aos Efésios e aos Colossenses

Há uma grande semelhança entre as cartas aos Efésios e aos Colossenses. Alguns textos são paralelos, como por exemplo: Ef 6,21-22 e Cl 4,7-8; Ef 5,19-20 e Cl 3,16-17; Cl 1,14.20 e Ef 1,7; Cl 4,3; 1,26 e Ef 3,4. Há semelhanças de pensamento, como "Cristo cabeça da Igreja" (Cl 1,18; Ef 1,22-23); a "paz concluída com o sangue de Cristo" (Cl 1,20 e Ef 2,14-16) e outras. Isso nos leva a pensar que as duas cartas tenham sofrido influência uma da outra, embora não haja unanimidade entre os estudiosos sobre qual delas teria sido escrita primeiro. O vocabulário, o estilo e o pensamento teológico destas duas cartas são semelhantes entre si e muito diferentes das cartas autênticas de Paulo.

Carta aos Colossenses

A cidade de Colossos, situada na região da Frígia, na Ásia Menor, foi evangelizada por Epafras, um colaborador que Paulo enviou de Éfeso nos anos em que esteve aí (Cl 1,7; 2,1; 4,12; Fm 23). O livro dos Atos dos Apóstolos trata de muitos detalhes do ministério de Paulo, mas nunca cita Colossos entre as cidades com as quais o Apóstolo teve contato.

Autor, local e data

Há uma grande divergência entre os estudiosos em relação à autoria da carta aos Colossenses. Alguns defendem a autoria de Paulo, outros a negam. Os que não a aceitam apelam para os argumentos de estilo, vocabulário e teologia da carta. De fato, a cristologia desta carta diverge muito da cristologia que Paulo apresenta em suas cartas. Nestas, Jesus morreu para nos libertar do pecado e da lei, mas na carta aos Colossenses Cristo aparece como Senhor e Sustentador do mundo (Cl 1,17s). A concepção de Igreja também é diversa na carta aos Colossenses. Já não se fala mais das comunidades locais, como nos escritos autênticos de Paulo (1Ts 1,1; 1Cor 1,2), e sim da Igreja universal (Cl 1,18.24). A carta foi escrita provavelmente por um discípulo que a atribuiu a Paulo, por volta dos anos 80 E.C.

Comunidade de Colossos: em meio às religiões de mistério

O maioria dos integrantes da comunidade parece ter sido de origem pagã (Cl 1,21.27; 2,13). O texto da carta deixa transparecer que nessa comunidade circulavam "heresias", mas não deixa claro quais são. Ela se refere a "doutrinas capciosas" (Cl 2,4); a "tradições humanas" (Cl

2,8). Não se sabe se elas nasceram no interior da comunidade ou se vieram de fora. Pelo que o texto indica, devia ser algo na linha da "veneração dos elementos do mundo" (Cl 2,8.20). Não haveria nesses elementos uma identificação com o mundo cultural e religioso helenista nem judaico. Mas nesta expressão existia algo de mítico, e se considerava que Cristo não era superior aos principados, mas um dos mediadores entre Deus e os homens.

Na primeira parte da carta, o autor tenta responder a essa filosofia apresentando Cristo aos cristãos de Colossos como o único mediador e redentor, por meio de um hino cristológico já conhecido na Ásia Menor (Cl 1,14-20). Faz alguns acréscimos ao hino, com o termo "Igreja" que se liga ao corpo (Cl 1,18) e a menção ao sangue da cruz (Cl 1,20). O hino quer celebrar a função de Cristo como Mediador da criação e Senhor do cosmo (Cl 1,15–2,5). Na segunda parte da carta faz algumas advertências aos cristãos para não cometerem erros, como "os preceitos e os ensinamentos dos homens". Deve-se referir genericamente a uma influência judaizante na comunidade (Cl 2,6–3,4). Na terceira e última parte da carta faz uma exortação para viver segundo a ascese cristã na vida pessoal, familiar e comunitária (Cl 3,5–4,18).

Além dessas cartas atribuídas a Paulo, outros escritos do Segundo Testamento surgiram na Ásia Menor, como o evangelho de Lucas, Atos dos Apóstolos, as cartas pastorais: 1 e 2 Timóteo e Tito, as cartas católicas (exceto a carta de Tiago): Judas, 1 e 2 Pedro, Hebreus, 1, 2 e 3 João, o quarto evangelho e o Apocalipse de João. Vamos seguir esta ordem para a apresentação dos escritos, começando pela questão dos evangelhos sinóticos.

Roteiro para o estudo do tema

1. Oração inicial
Conforme a criatividade do grupo.

2. Mutirão da memória
Compor a síntese do conteúdo já lido por todos no subsídio. Caso as pessoas não tenham o subsídio, ficará a cargo do(a) líder compor a síntese.

Recursos visuais
No centro do grupo, construir o caminho com os materiais que foram trazidos. Cada um pode colocar um objeto, de modo que seja uma construção conjunta.

3. Partilha afetiva
Em grupos ou no plenário, dialogar:
As primeiras comunidades caminharam com grandes dificuldades e barreiras, mas também com alegrias e descobertas. Conduziram a fé a uma efetiva maturidade. Para nós, também, a fé é um caminho.
- O que nos lembra este caminho que construímos?
- As pedras?
- Os riachos?
- As pontes?
- As plantas que estão à margem do caminho?

4. Sintonia com a Bíblia
Ler os textos: Ef 5,1-2; Fl 3,13-16; Hb 10,19-20; 1Pd 1,1-2; 1Jo 2,3-6. Todas estas cartas, escritas entre as comunidades, falam que os cristãos seguem o caminho de Jesus.

Diálogo de síntese
- O que há de mais belo no caminho de fé de nossa comunidade? E no caminho pessoal de cada um de nós?

Lembrete: para a próxima reunião, cada participante é convidado a levar um objeto que simbolize a experiência que fez durante todo este tempo de estudo bíblico. Pode ser uma vela, uma flor, um fruto, um pão, algumas sementes, uma plantinha, um pouco de água ou de vinho, um punhado de terra, um ramo verde, ou qualquer outra coisa que lhe pareça significativa.

5º tema

A idade madura da fé
As comunidades compreendem quem é Jesus

N o final do primeiro século da era cristã, surge grande parte dos escritos bíblicos do Segundo Testamento. Eles refletem situações, dificuldades próprias de uma comunidade que se preocupa com sua organização e estruturação.

Os evangelhos sinóticos

A palavra "sinótico" é de origem grega e significa "visão de conjunto". Aplicada aos evangelhos, é a visão de conjunto dos textos de Mateus, Marcos e Lucas, que são colocados lado a lado em colunas paralelas. Nestes três evangelhos encontram-se muitas narrativas iguais de: milagres, parábolas, discursos, paixão, morte, ressurreição e aparições, às vezes com pequenas diferenças. Lendo um pouco mais atentamente cada uma das narrativas, percebemos expressões e palavras diferentes, colocadas também numa sequência diversa. Além dos textos próprios de cada evangelista, as pequenas diferenças constituem a característica peculiar de cada um. Veja no quadro abaixo a quantidade de versículos comuns a três ou a dois evangelistas e os próprios de cada um:

		Mc	Mt	Lc
Comum aos três evangelhos	vv.	330	330	330
Comum a Marcos e Mateus	vv.	178	178	
Comum a Marcos e Lucas	vv.	100	—	100
Comum a Mateus e Lucas	vv.	—	230	230
Particulares a cada um	vv.	53	330	500
Total de versículos em cada evangelista	vv.	661	1.068	1.160

Os textos paralelos aos três evangelistas são conhecidos como tripla tradição; os textos paralelos entre Mateus e Lucas, como dupla tradição; e os textos particulares de cada um são chamados de tradição singular ou particular. Para concretizar esta informação leia, em

A idade madura da fé

sua Bíblia, a indicação dos textos paralelos que seguem, na tripla tradição: Mc 4,35-41; Mt 8,23-27; Lc 8,22-25; depois leia os textos paralelos na dupla tradição entre Mateus e Lucas: Mt 6,25-34; Lc 12,22-31. Os textos paralelos entre Mateus e Marcos; Lucas e Marcos não são considerados dupla tradição, porque Mateus e Lucas tiveram acesso a outra fonte que Marcos não conheceu. E do evangelho de Marcos, ao qual ambos tiveram acesso, serviram-se daquilo que respondia às necessidades e interesses de suas comunidades. Para ilustrar um texto característico e exclusivo de cada um dos três evangelhos sinóticos, leia: Mc 4,26-29; Mt 25,31-46; Lc 15,8-32.

O evangelho de João é muito diferente dos outros três, conhecidos como evangelhos sinóticos. Mesmo assim encontramos alguns textos paralelos entre os quatro evangelistas. Leia, por exemplo, a expulsão dos vendedores do Templo em Mc 11,15-17; Mt 21,12-13; Lc 19,45-48 e Jo 2,14-16. Observe as semelhanças e diferenças, a posição em que a narrativa se encontra em cada evangelho, o que precede e o que segue à narrativa. Como explicar as semelhanças e diferenças entre os

evangelhos? A resposta a esta pergunta exigiu um longo caminho de muito estudo e pesquisa até chegar à teoria das duas fontes.

Teoria das duas fontes

A teoria das duas fontes apresenta a seguinte proposta de explicação para os paralelos e as diferenças entre os sinóticos: o evangelho de Marcos serviu como primeira fonte para a redação dos evangelhos de Mateus e de Lucas. Cada qual, independentemente um do outro, serviu-se de Marcos, extraindo deste evangelho aquilo que considerou importante para a catequese na sua própria comunidade. Isto explica a tripla tradição aos evangelhos de Marcos, Mateus e Lucas, e ao mesmo tempo explica por que nem todos os textos são comuns aos três.

A segunda fonte conhecida como *Quelle* — palavra alemã que significa fonte (Q) — refere-se a uma coleção de palavras ou pronunciamentos de Jesus, conhecida como "logia", palavra grega. Mateus e Lucas tiveram acesso a esta independentemente um do outro. Eles copiaram muitos textos iguais dessa fonte que forma a dupla tradição, comum só a Mateus e Lucas. Marcos não conheceu esta fonte.

61

Visão Global 15

Por fim, Mateus e Lucas trazem nos seus evangelhos textos que são exclusivos, fruto, talvez, de pesquisa e criatividade pessoal ou de fontes às quais cada um teve acesso exclusivo e independente um do outro. O esquema que segue talvez possa esclarecer melhor a teoria das duas fontes:

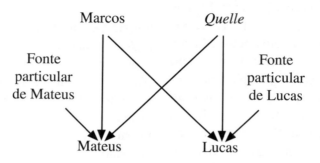

Lucas: o pesquisador dos fatos

A tradição da Igreja atribuiu desde cedo a Lucas a autoria do terceiro evangelho e dos Atos dos Apóstolos. Talvez tenha sido companheiro de Paulo e um dos seus colaboradores (Cl 4,14; Fm 24; 2Tm 4,11), embora não se saiba ao certo se é o mesmo Lucas, autor do Evangelho e de Atos.

Na carta aos Colossenses, ele é apresentado como médico (Cl 4,14). No prólogo do evangelho, o autor se apresenta como um historiador sério, de cultura e língua materna grega, preocupado em apresentar os fatos "após acurada investigação de tudo" (Lc 1,3). Não conheceu Jesus nem fez parte do grupo dos Doze. Parece não ter conhecido a terra de Israel, porque ele confundiu a Judeia com a Galileia. O roteiro da viagem de Jesus para Jerusalém inicia na Galileia (Lc 9,51–19,27), segue pela Samaria e deveria chegar na Judeia, em Jerusalém. Mas em Lc 17,11, Jesus volta para a Galileia, retorna à Samaria, para depois chegar a Jerusalém, na Judeia. A data da redação do seu evangelho situa-se entre os anos 80 e 85 E.C. Os lugares prováveis de origem dos escritos são a Ásia ou a Grécia.

A fé na comunidade urbana

Pela leitura do evangelho de Lucas e dos Atos percebemos que os destinatários são as comunidades cristãs, espalhadas pelo Império Romano. São comunidades de tradição paulina, provavelmente da Ásia ou da Grécia.

A idade madura da fé

As comunidades cristãs são urbanas, e não de área rural. No Evangelho de Lucas a palavra "cidade" aparece 39 vezes, e nos Atos, 42. Este termo aparece mais nestes textos do que nos outros escritos do Segundo Testamento.[1] Pobres e ricos participavam dessas comunidades. São exclusivas de Lucas algumas narrativas que retratam o contraste entre estas duas classes: o cântico de Maria, em que os famintos são cumulados de bens e os ricos despedidos de mãos vazias (Lc 1,53); as mal-aventuranças, onde Jesus profere quatro "ais" contra os ricos (Lc 6,24-26); a parábola do rico que encheu o seu celeiro (Lc 12,16-31); a parábola do pobre Lázaro e do rico que se banqueteava (Lc 16,19-31) e outros. Nessas comunidades também a presença e a atuação da mulher são marcantes, o que pode refletir uma certa marginalização e desprezo sofridos pela mulher na época, e que o autor quis resgatar na atitude de valorização de Jesus em narrativas que são só dele: Marta e Maria (Lc 10,38-42); a pecadora perdoada (Lc 7,36-50); a mulher que procura a moeda perdida (Lc 15,8-10) e a mulher encurvada (Lc 13,10-17). Por fim, a narrativa dos discípulos de Emaús reflete bem a situação de desânimo das comunidades, sobretudo dos anos 80 até o final do primeiro século. Continuavam a enfrentar conflitos com o império e com os judeus; problemas de liderança interna e infiltração de novas doutrinas. Havia muito abatimento e cansaço que, contudo, eram superados em comunidade pela fé no Ressuscitado e na partilha do pão, da palavra e da eucaristia (Lc 24,13-35).

Atos dos Apóstolos: Cristo vive!

O livro dos Atos dos Apóstolos corresponde à segunda obra atribuída a Lucas. O prólogo de Atos refere-se, explicitamente, ao evangelho de Lucas, como o "primeiro livro" também endereçado a Teófilo (Lc 1,1-4; At 1,1-5). O autor organiza de tal modo as duas obras que o final do primeiro escrito (Lc 24,44-52) é retomado no início do segundo (At 1,1-11). A grande experiência que marca o final e o começo das duas obras é a presença do Ressuscitado. Jesus está vivo! Ele é a grande força propulsora que lança a comunidade cristã em missão, até os confins da terra (At 1,8).

---

[1] No evangelho de Marcos, que serviu de fonte para Lucas, o termo "cidade" (pólis) aparece apenas oito vezes.

De resto, o livro de Atos narra, na primeira parte, a missão realizada pela comunidade de Jerusalém, as missões na Samaria, no litoral do Mediterrâneo e em Antioquia da Síria. A segunda parte é dedicada às viagens apostólicas de Paulo e de seus companheiros.

Comunidades testemunhas e missionárias

No livro dos Atos dos Apóstolos se reflete a realidade de quase todas as comunidades cristãs, desde a primeira comunidade de Jerusalém, da Samaria, do litoral do Mediterrâneo, da Síria, da Ásia, da Grécia e de Roma. Abrange um período histórico longo de quase 60 anos até a finalização da redação da obra. Nos anos da redação de Atos, entre 80 e 90 E.C., as primeiras lideranças da Igreja já haviam morrido. Foi um período de muitos conflitos entre judeus e cristãos na iminência de uma separação definitiva das sinagogas e do reinício das perseguições do Império Romano contra os cristãos.

Surgiram dificuldades internas com as novas lideranças que foram assumindo a orientação das comunidades, causando, algumas vezes, disputas e divisões. A influência de falsos doutores espalhava a confusão em meio às comunidades, com novas doutrinas e interpretações diferentes sobre a pessoa e a mensagem de Jesus. No decorrer dessa situação "a Palavra do Senhor crescia [...]" (At 5,42).[2] O número de pessoas que aderiam a Jesus Cristo, pela obra evangelizadora dos missionários, crescia dia a dia (At 4,4).

A força motora para esse elã missionário é o Ressuscitado, que conferiu um novo sentido à história do povo de Deus. Ele abriu os olhos dos discípulos, como aos dois de Emaús, para que eles pudessem reler, com olhos novos, todas as Escrituras desde Abraão, passando por Moisés e pelos profetas (At 2,16.30.39).[3] Releram com novo olhar a história de Jesus e a sua própria história por meio do discurso de Estêvão (At 7,2-53).

Os discípulos e as comunidades superaram com muita firmeza e coragem o desafio da inculturação. Pouco a pouco as diferentes barrei-

---

[2] Cf. At 6,7; 8,4.25; 9,31; 12,24; 13,49; 15,36; 19,20; 28,31.

[3] Cf. At 3,13.22-25; 8,30-35.

ras foram sendo vencidas, apesar das resistências dos grupos mais conservadores. A Palavra fez o seu caminho e ajudou a comunidade a superar as dificuldades entre judeus e samaritanos (At 8,5-8.25) e as barreiras com as diferentes classes sociais, povos e raças (At 8,26-40). Venceram os preconceitos religiosos, acolhendo na comunidade os pagãos e os que representavam o poder da dominação estrangeira na própria terra, como foi o caso de Cornélio, um centurião romano, acolhido na comunidade (At 10,1-47).

O autor de Atos procura evitar o conflito aberto com o Império Romano. Os romanos são tratados com certa simpatia pelos cristãos: Paulo se declara cidadão romano (At 16,35-39; 22,22-29). Lucas parece esconder uma preocupação em apaziguar os romanos em relação aos seguidores de Jesus. Por isso, apresenta uma série de fatos, nos quais romanos e cristãos se acolhem mutuamente: um procônsul abraça a fé cristã (At 13,12); o governador de Corinto não quer condenar os cristãos (At 18,14-17); as autoridades romanas, em Filipos, reconhecem o engano que cometeram prendendo Paulo, que era cidadão romano (At 16,35-40). E ainda:

as autoridades de Éfeso absolveram Paulo (At 19,40); no conflito com os judeus em Jerusalém, dois tribunos defendem Paulo (At 21,38; 23,29); o governador da Judeia e o próprio rei Agripa reconhecem a inocência de Paulo (At 25,25-26; 26,32). Contudo, mais para o final do primeiro século, o autor não consegue esconder as dificuldades que os cristãos viviam em relação ao império (At 16,20; 17,6).

No livro de Atos, Paulo é apresentado como o missionário e apóstolo incansável da Boa-Nova. Tornou-se o modelo para os cristãos. No seu trabalho evangelizador tinha abertura às outras culturas, ao Império Romano, aos judeus, aos fracos e pobres. Lucas quis ressaltar as qualidades de Paulo como verdadeiro missionário e pastor no discurso que atribuiu a ele em Mileto, junto aos anciãos de Éfeso (At 20,17-38).

Cartas pastorais: o novo rosto das Igrejas

Entre as cartas deuteropaulinas, três são conhecidas como "cartas pastorais": a primeira e a segunda carta a Timóteo e a carta a Tito. Recebem esse nome porque os destinatários foram pastores (bispos) na Igreja primitiva, e também pelo seu conteúdo. Elas trazem instruções, avisos e orientações de como proceder na coordenação das comunidades. Estas cartas não trazem o estilo das cartas dirigidas às comunidades, mas o de uma orientação particular para os responsáveis pelos ministérios eclesiásticos. Timóteo foi encarregado por Paulo para organizar as comunidades de Éfeso, e Tito a Igreja de Creta.

Timóteo nasceu na cidade de Listra. O pai era pagão, mas a avó Loide e a mãe Eunice eram cristãs (At 16,1; 2Tm 1,5; 3,15). Ele foi discípulo de Paulo e o acompanhou em muitas viagens missionárias.[4] Foi constituído bispo da Igreja de Éfeso, após a partida de Paulo.

Tito foi evangelizado por Paulo (Gl 2,1-3) e depois o acompanhou nas viagens missionárias (2Cor 2,12s; 7,6-15; 8,16.23). Recebeu o encargo de organizar a Igreja de Creta, na qual foi bispo. Paulo, já no fim da sua vida, chamou-o para junto de si em Nicópoli (Tt 1,5; 3,12).

Autoria das cartas pastorais

Por muito tempo, as duas cartas a Timóteo e a carta a Tito foram consideradas de autoria de Paulo. De fato, o nome de Paulo aparece muitas vezes nelas, mas não são dele. Elas foram escritas bem mais tarde e em circunstâncias diferentes dos escritos autênticos de Paulo. Nelas aparecem problemas diversos como a estrutura e a organização interna das comunidades — em uma hierarquia constituída de epíscopos, presbíteros e diáconos — e, mesmo que de forma embrionária, as heresias e falsos doutores que remete aos gnósticos e docetas,[5] os quais eram muito fortes no final do primeiro século da era cristã. Neste aspecto, as cartas de Paulo estão mais preocupadas com o *Querigma*, o primeiro anúncio de Jesus Cristo. O estilo, o vocabulário também são diferentes das cartas autênticas de Paulo. Estas orientam as comunidades em problemas muito concretos que elas enfrentavam no dia a dia.

---

[4] Cf. At 16,3; 1Ts 3,6; 1Cor 4,17; Fl 1,1.

[5] Os docetas eram os adeptos de uma doutrina conhecida como docetismo, que negava a humanidade de Jesus. Os docetas afirmavam que o corpo de Jesus era só aparente e irreal.

Temas principais das cartas pastorais

1 Timóteo e Tito possuem maiores semelhanças, prevalecendo o cunho exortativo, moral e institucional. Há uma preocupação com a disciplina comunitária e eclesial. Na 2 Timóteo predomina o estilo de testamento.

Nas três cartas há uma preocupação em denunciar e condenar os hereges que negam a fé; de mostrar o retrato ideal do verdadeiro pastor, cujo modelo eles podem encontrar em Paulo, e de apresentar um grande número de motivações teológicas para justificar as instruções e normas pastorais.

Primeira carta a Timóteo: manter a pureza da fé

O contexto da carta reflete uma comunidade muito ameaçada com as falsas doutrinas (1Tm 1,6.20; 4,1-3; 6,3-10). Alguns buscam refúgio na Lei judaica, outros seguem as "vãs doutrinas" apresentadas pelos movimentos religiosos da época. Há uma grande preocupação com a situação interna da comunidade, e não mais com a sua dimensão missionária fora de suas fronteiras. Os cristãos sentiram necessidade de organizar a comunidade para seguir fielmente a proposta de Jesus. Surgiram assim os cargos para animar, coordenar os trabalhos e presidir as celebrações. São conhecidos, nesta comunidade, os cargos de diáconos (3,8-13), de presbíteros (5,17-25) e de epíscopos (3,1-7).

A carta toda é praticamente um código de boa conduta, dentro do modelo familiar e eclesial patriarcal. A Igreja é regida por uma forte disciplina, fechada um pouco em si mesma, sem questionar as influências que chegam de fora, como forma, talvez, de se proteger contra as ameaças do "depósito da fé".

Segunda carta a Timóteo: a Palavra é o único alicerce

O contexto da segunda carta a Timóteo parece ser o mesmo da primeira, porém, embora apresente o estilo de um testamento, não deixa de manifestar também sua preocupação com os perigos e erros que ameaçam as comunidades. O interesse pela novidade das outras doutrinas continua em muitos membros da comunidade, às vezes sem critérios para distingui-las da "sã doutrina". Timóteo recebe muitos conselhos e recomendações, até mesmo insiste-se no exercício de

Visão Global 15

sua autoridade: "[...] proclama a palavra, insiste, no tempo oportuno e no inoportuno, refuta, ameaça, exorta com toda paciência e doutrina" (2Tm 4,2).

Carta a Tito: "não provocar o Império"

A carta a Tito traz os mesmos temas das duas cartas a Timóteo: preocupa-se com os falsos doutores que espalham doutrinas errôneas; recrimina em particular os judaizantes como "insubmissos, palavrosos e enganadores" (Tt 1,10-11); insiste sobre a conduta moral dos presbíteros, jovens, velhos e casados para que vivam na ordem e na paz; e previne a comunidade para não provocar o império, por isso, aconselha-a a "ser submissa aos magistrados e às autoridades" (Tt 3,1).

Não há na carta uma insistência maior na fé, nem no conhecimento ou nas virtudes, mas uma certa preocupação com a vida de cada dia, suas exigências e uma consolidação da comunidade a partir de famílias bem constituídas e sob a orientação firme de ministros escolhidos entre os de melhor comportamento.

Cartas Católicas

Com o nome de Cartas Católicas, conforme vimos, são indicadas sete cartas do Segundo Testamento: Tiago; 1 e 2 Pedro; Judas; 1, 2 e 3 João. Elas são chamadas assim porque não se dirigem a uma determinada comunidade, mas a todos os cristãos em geral. Isso lhes confere um caráter universal (em grego, católico). Já tivemos oportunidade de conhecer a carta de Tiago no início deste estudo, situada talvez no contexto da terra de Israel. Conheceremos as cartas de João, no bloco dos escritos joaninos.

Primeira carta de Pedro: conduzir o rebanho de Deus

A primeira carta de Pedro faz parte das cartas conhecidas como Católicas. É atribuída a "Pedro, apóstolo de Jesus Cristo" (1Pd 1,1), "presbítero", "testemunha dos sofrimentos de Cristo" (5,1). Ele a escreveu "por meio de Silvano" (5,12) na "Babilônia" (5,13). No livro do Apocalipse, Babilônia é identificada com Roma (Ap 14,8; 17,5). Há dúvidas quanto à autoria de Pedro, porque não faz referências à vida pessoal dele, nem a sua atuação junto aos Doze e como testemunha de Jesus. Pedro não parece ter trabalhado na parte oriental da Ásia Menor, onde, provavelmente, surgiu o escrito. O vocabulário e o estilo têm semelhanças com os escritos aos Efésios, a Tito e aos Hebreus. O fato de a carta se referir às perseguições do Império Romano leva-nos a pensar que ela se refira ao período do imperador Domiciano, que perseguiu os cristãos também na Ásia Menor, entre os anos 90 e 100 E.C.

O autor se dirige aos "presbíteros" que se encontram na comunidade e, identificando-se como um deles, pede que exerçam com responsabilidade o "pastoreio" do rebanho. Talvez ele tenha escrito esta carta em Roma, para animar os cristãos a permanecerem firmes em meio às perseguições e repressões (5,1). E, para dar autoridade ao escrito e, quem sabe, homenagear o grande líder da comunidade cristã de Roma, o autor atribuiu a carta a Pedro.

Comunidades rurais excluídas

A primeira carta de Pedro dirige-se às comunidades da parte oriental da Ásia Menor, nas quais predominavam pequenas aldeias e área rural. A comunidade cristã parece retratar esta situação, pois é excluída e formada por excluídos. São exortações que se dirigem aos cristãos marginalizados, "convidando-os a formarem uma comunidade, uma casa para os desamparados". O início da carta

os identifica com os "estrangeiros da dispersão: do Ponto, da Galácia, da Capadócia, da Ásia e da Bitínia, eleitos [...]" (1,1). Esta expressão dá a entender que a maioria está fora da sua pátria ou de suas aldeias, não tem direito à plena cidadania, nem é bem acolhida pela população local (1,17; 2,11; 2,18). Eram excluídos pela própria condição social e pelo modo como viviam a fé, em contraste com o modo de viver da sociedade de então. Isto devia incomodar e ser motivo de humilhação e marginalização (4,12-19).

O escrito deseja levar à comunidade uma palavra de ânimo e solidariedade para somarem forças e construir juntos a "casa de Deus", na qual não haverá excluídos, porque o seu fundamento é Jesus Cristo, a "pedra viva" (1Pd 2,4). Essa comunidade forma o novo povo de Deus, quais "pedras vivas" que constroem, com sua partilha, no acolhimento, na alegria, na compaixão, na humildade, na hospitalidade os excluídos da sociedade e da comunidade. Inspirada na vida de Jesus (1,19), a comunidade vence a dor e o sofrimento, preanuncia a libertação realizada por Deus e adianta a chegada do seu Reino (4,17-19).

Segunda carta de Pedro

A segunda carta de Pedro teve muita dificuldade de ser aceita na lista dos livros inspirados, por ser muito diferente da primeira. O estilo, conteúdo e vocabulário nunca poderiam ter sido escritos pela mesma pessoa. Já São Jerônimo, quando traduziu o texto do grego para o latim, teve dificuldade de aceitar que as duas fossem atribuídas ao mesmo autor. As semelhanças que a segunda carta de Pedro apresenta com a carta de Judas são tão grandes que muitos estudiosos hoje acreditam que ela é uma cópia ampliada, relida e censurada dessa carta de Judas.

Autor da segunda carta de Pedro

O autor da segunda carta de Pedro se apresenta como "Simão Pedro, servo e apóstolo de Jesus Cristo" e identifica seus destinatários com os "que receberam, pela justiça de nosso Deus e Salvador Jesus Cristo uma fé de valor igual à nossa". Mais adiante se apresenta como testemunha ocular da transfiguração de Jesus (1,16-18). Afirma saber que está chegando ao fim da vida por revelação de "nosso Senhor Jesus Cristo" e quer confiar suas últimas recomendações antes de deixar a sua "tenda terrena" (1,13-14).

A comunidade: "luz que brilha em lugar escuro"

O estilo usado pelo autor é a forma de um "discurso de despedida" como encontramos no livro de Gênesis, quando Jacó se despede de seus filhos e netos, antes de morrer (Gn 48–49). No livro dos Atos dos Apóstolos, Paulo também se despede com um discurso dos anciãos de Éfeso, em Mileto (At 20,17-38). Nos dois discursos de despedida, o público é conhecido, mas na segunda carta de Pedro, não. No início da carta ele identifica seu público com os que "receberam uma fé de valor igual à nossa". Não é possível saber de onde são as pessoas para as quais ele se dirige no momento de redigir seu discurso. Todos os cristãos podem se sentir destinatários dessa carta. A Igreja de Alexandria do Egito exerceu um papel importante na defesa desse escrito, por isso alguns pensam que ele teve origem nessa comunidade.

A comunidade passa por momentos difíceis de divisão interna, que são provocados por falsos doutores (2Pd 2,1-3). O autor aponta como caminho para a superação dessa dificuldade a leitura dos profetas e das cartas de Paulo, como uma das formas de mantê-los unidos na sã doutrina, por considerá-la: "luz que brilha em lugar escuro, até que raie o dia e surja a estrela d'alva em nossos corações" (2Pd 1,19). Ele exorta a considerarem a "longanimidade" de Nosso Senhor, sobre a qual tanto escreveu Paulo em suas cartas (2Pd 3,15). Ao mesmo tempo, chama a atenção da comunidade a não dar ouvidos àqueles que estão semeando o medo porque anunciam o fim do mundo pelo fogo (2Pd 3,7). Mas, ao contrário, vivam na paciência e perseverança, progredindo na vivência da fé, porque "para o Senhor um dia é como mil anos e mil anos como um dia" (2Pd 3,8).

Carta de Judas

O autor da carta apresenta-se como "Judas, servo de Jesus Cristo, irmão de Tiago, aos que foram chamados, amados por Deus Pai e guardados em Jesus Cristo [...]" (Jd v.1). O nome Judas é de origem hebraica, muito comum na época, e vem do nome de uma das tribos de Israel: Judá. No Evangelho encontramos pelo menos sete pessoas com este nome. Os que mais se destacam são três: Judas Iscariotes, que nós lembramos com maior facilidade porque traiu Jesus (Mc 3,19); Judas, filho de Tiago (Lc 6,16), que no evangelho de Marcos se identificaria com o nome de Tadeu (Mc 3,18). Por fim, Judas, o irmão de Tiago, que aparece na lista dos irmãos de Jesus (Mc 6,3). É com este último que o autor se identificou.

No evangelho de Marcos, quatro discípulos de Jesus são identificados como "irmãos do Senhor", e Judas está entre eles. Ele se diz também irmão de Tiago, que foi líder da comunidade de Jerusalém até o ano 62 E.C. (Gl 1,19). Esta carta foi atribuída a Judas, irmão de Tiago, para dar-lhe autoridade e valor, mas não deve ter sido ele o seu autor. Ela só tem um capítulo, por isso só citamos os versículos.

A comunidade responde ao chamado

A comunidade que se reflete na carta de Judas, como as demais deste período final do primeiro século, sofre com a influência de "falsos doutores" que se infiltraram no cristianismo. Pela indicação genérica da carta, não sabemos onde se situa essa comunidade cristã. Ela se dirige "aos que foram chamados, amados por Deus Pai e guardados em Jesus Cristo". É uma indicação universal, na qual todas as comunidades cristãs de ontem e de hoje podem se sentir incluídas.

No conteúdo da carta, a referência às passagens do Primeiro Testamento e aos escritos apócrifos judeus é um indicativo de que grande parte dos membros da comunidade tem origem judaico-cristã já no final do primeiro e início do segundo século. Entre as dificuldades que eles enfrentaram estão as falsas doutrinas. O autor constata as divisões internas na comunidade e faz uma analogia com uma experiência similar do povo libertado no Egito, afirmando que Deus puniu os culpados (Jd v. 5). Do mesmo modo ele fará com os falsos doutores que provocaram as divisões nas comunidades (Jd v. 8). Esses falsos doutores são comparados a alguns personagens que no Primeiro Testamento trilharam o mau caminho, como: Caim, Balaão, Coré (Jd vv. 11-16). Também eles receberão sorte igual aos incrédulos do Êxodo, aos anjos decaídos e aos habitantes de Sodoma e Gomorra (Jd v. 7).

A carta de Judas faz referência a escritos apócrifos conhecidos e, sem dúvida, usados na comunidade: o livro de Henoc (Jd vv. 6.12-16), a Assunção de Moisés (Jd v. 9) e o Testamento dos Doze Patriarcas (Jd vv. 6-7)[6]. Estes escritos não entraram na lista dos livros inspirados na Bíblia hebraica e em nossas Bíblias. O autor finaliza sua carta exortando a comunidade a permanecer unida, vivendo na fé, na esperança e no amor, para vencerem as dificuldades (Jd vv. 20-21).

Hebreus

Hebreus também é conhecida como "carta aos Hebreus". Na verdade não se trata de uma carta, mas de uma homilia ou de um sermão muito bem elaborado. Desde muito cedo foi atribuída a Paulo, mas, de fato, o estilo é muito aprimorado para ser dele. O estilo de Paulo é livre, espontâneo e fogoso. Fala de si mesmo e dos seus sentimentos, e responde a problemas concretos de suas comunidades. Muitos nomes foram apontados como prováveis autores tanto no Oriente (Barnabé, Lucas) quanto no Ocidente (Clemente Romano). O nome mais provável parece ser Apolo, compa-

---

[6] Cf. na *Bíblia de Jerusalém* a nota a Jd 6-7

A idade madura da fé

heiro de Paulo (1Cor 3,4-9; 16,12; Tt 3,13), pela sua competência bíblica e capacidade oratória, elogiadas em Atos (At 18,24-28). (Todas estas informações são suposições.)

Comunidade subjacente à carta: a fé corre perigo

No decorrer de todo o escrito não aparece o nome "Hebreus". Este título foi dado à obra, mas não faz referência explícita a uma comunidade. Pelo seu conteúdo o autor se dirige a cristãos fracos na fé, convidando-os a se manterem firmes nela (Hb 3,6.14; 4,14; 10,22; 13,7). Muitos estudiosos acreditam que se trata de cristãos vindos do judaísmo ou até mesmo de sacerdotes hebreus que se tornaram cristãos, e agora se sentiam tentados a retornar ao judaísmo (At 6,7). Outros acham que são gentios cristãos ou, simplesmente, de tradição cristã, embora o autor não fale nem de judeus nem de pagãos, mas sua perspectiva cristã é fundamentada no Primeiro Testamento (Hb 2,16; 4,9), aberta a todos, sem distinção de origem (Hb 2,9).

Pelas exortações que o autor faz, parece ser possível perceber a situação da comunidade que está por detrás do escrito. Ela não conheceu diretamente o Senhor (Hb 2,3), o que pode confirmar a improbabilidade de ser de origem israelita. Não são cristãos da primeira hora, mas já têm uma caminhada na fé (Hb 5,12). Já passaram por provações e sofrimentos por causa da fé (Hb 10,32-34), mas teriam de enfrentar novas dificuldades e não deveriam se desencorajar (Hb 11; 12,3.12). Tudo indica que a comunidade viveu alguns desvios doutrinais de estilo judaizante, que ameaçava sua fé (Hb 13,9-10; 12,16). O autor adverte contra a apostasia, como um caminho de perdição irremediável (Hb 6,4-6; 10,26-31), e elogia a comunidade por sua generosidade passada e presente (Hb 6,10).

Em Hebreus encontramos apenas uma referência geográfica na saudação final: "Os da Itália vos saúdam" (Hb 13,24). Mas esta afirmação não oferece a garantia de podermos considerar a Itália como o lugar de origem ou de destino do escrito. Pois, com certa frequência, as Igrejas se saudavam sem precisar o lugar, como aparece na carta aos Coríntios: "Saúdam-vos as Igrejas da Ásia" (1Cor 16,19). Assim, como é difícil estabelecer o lugar de origem e destino do escrito, torna-se igualmente difícil estabelecer geograficamente os seus destinatários. Mas não há dúvidas de que o texto reflete uma dependência da tradição bíblica e

73

judaica. O fato de a comunidade conhecer Timóteo faz pensar que seja uma comunidade fundada por Paulo (Hb 13,23). Mesmo assim, fica difícil de determinar, porque Paulo fundou muitas comunidades na Ásia Menor e na Grécia. Quanto à data, há divergências que variam entre o ano 50 e 110 da E.C.

O autor de Hebreus faz uma comparação elaborada entre o culto no Primeiro Testamento e a obra histórica de Jesus. Ele mostra as semelhanças e as diferenças entre os sacrifícios do culto do Primeiro Testamento e Jesus, que oferece a sua vida a Deus uma vez para sempre (Hb 10,5-7; Sl 40,7-9).

Roteiro para o estudo do tema

. Oração inicial
Conforme a criatividade do grupo.

2. Mutirão da memória
Compor a síntese do conteúdo já lido por todos no subsídio. Caso as pessoas não tenham o subsídio, ficará a cargo do(a) líder expor a síntese.

Recurso visual
Cada um apresenta o símbolo que trouxe, e explica:
Por que este símbolo representa a experiência que eu fiz deste estudo? Por exemplo: uma vela, porque minha fé aumentou; um pão, porque senti melhor o sabor e a força da Palavra de Deus; um pouquinho de terra, porque me senti como esta terra, na qual Deus semeou sua Palavra, e assim por diante.

3. Partilha afetiva
Em grupos ou no plenário, dialogar:
As comunidades do primeiro século amadureceram na fé. Foram capazes de compartilhar sua experiência e comunicá-la às gerações futuras.
• O que eu sinto que amadureceu em minha vida, após este estudo bíblico?
• O que ainda ficou por amadurecer?

4. Sintonia com a Bíblia
Ler o texto: Lc 1,1-4.
O evangelho de Lucas inicia-se dizendo que seu objetivo é tornar conhecida a vida de Jesus, que é o fundamento da fé daqueles que o seguem. As comunidades tinham a preocupação de confirmar a fé com o testemunho dos fatos.

Diálogo de síntese
• O que eu quero comunicar de mais sagrado aos meus descendentes?
• O que nossa comunidade pode comunicar às pessoas do bairro, ou da cidade?

Lembrete: para a última reunião, trazer álbuns de fotografias da família e de amigos ou ilustrações de revistas e jornais, e também vela, flores e toalha para preparar um lugar de destaque para colocar a Bíblia.

6º tema
Deus comunica-se em nossa história

Os últimos anos do primeiro século da era cristã são marcados pelo sofrimento e pela perseguição. Neste contexto vivem as comunidades cristãs descritas no Evangelho, nas Cartas e no Apocalipse de São João.

De comunidades paulinas a comunidades joaninas

Conhecemos diversas comunidades cristãs iniciadas por Paulo e outras que ele visitou e solidificou na fé cristã, em sua primeira viagem missionária: Derbe, Listra, Icônio, Antioquia da Pisídia, Perge, Atália e Salamina. Na segunda viagem, retornou por estes lugares e seguiu para a Grécia, no continente europeu: Neápolis, Filipos, Anfípolis, Tessalônica, Bereia, Corinto e, no retorno dessa viagem, passou por Éfeso. Na terceira viagem, Paulo retorna a todas as comunidades, fixando-se em Éfeso, na Ásia Menor.

Jerusalém foi o primeiro centro missionário do qual se expandiu a mensagem cristã para as demais cidades. Paulo tomou contato com essa comunidade após sua conversão, por volta do ano 34 E.C., e foi integrado por Barnabé na comunidade de Antioquia da Síria por volta do ano 46 E.C. (At 11,25ss). Conheceu Éfeso na segunda viagem missionária e transformou a cidade em seu centro missionário, aproximadamente por três anos. Paulo atuou até o ano 59 E.C. na região da Ásia Menor, da Grécia e em Roma, no continente europeu. Deixou muitos missionários e missionárias nas diversas comunidades que fundou. Eles e elas deram continuidade a sua pregação e ação missionária.

Não muito tempo depois, por volta dos anos 80, algumas comunidades da Ásia Menor, por onde Paulo passou, continuaram a caminhada cristã sob a orientação da escola joanina, com uma nova linha de interpretação sobre Jesus Cristo, a Igreja e a ação do Espírito. A realidade que essas comunidades viviam já não era a mesma do tempo de Paulo. Ele abriu o caminho para a fé cristã, enfrentou muitas dificuldades, sobretudo com os judaizantes. João também enfrentou muitas dificuldades, porém de um novo teor. As comunidades já haviam sido evangelizadas, já tinham recebido a fé cristã, mas estavam sendo influenciadas por interpretações errôneas sobre Jesus e sua doutrina. Na região da Ásia Menor cresciam com maior força os movimentos religiosos como a religião dos mistérios e a gnose. Eles interferiram na vida das comunidades cristãs. O Apocalipse os chama de nicolaítas (Ap 2,6).

No Segundo Testamento são conhecidos como escritos joaninos alguns livros que foram atribuídos a João: o quarto Evangelho, a primeira, segunda e terceira carta de João e o Apocalipse. Ao falarmos sobre cada um destes escritos, vamos abordar rapidamente a questão do autor, embora seja muito difícil a sua identificação.

Escritos joaninos

As comunidades joaninas e seus escritos situam-se na Ásia Menor. Muitas delas haviam sido iniciadas na fé cristã por Paulo e seus discípulos, ainda na primeira metade do primeiro século da era cristã. Por volta dos anos 80, muitas dessas comunidades foram lideradas por um certo João, que depois foi identificado com o "discípulo amado" de que fala o quarto evangelho.

Evangelho de João

Autor, local e data

Muitos pensam que o autor do quarto evangelho seja João, o apóstolo de Jesus (Mc 3,17). Ele era o filho de Zebedeu e irmão de Tiago. Ambos receberam o apelido de Boanerges, que significa "filhos do trovão". João estava pescando quando Jesus o chamou (Mc 1,19-20). Recebeu de Jesus o encargo de preparar com Pedro a Páscoa para ele e seus discípulos (Lc 22,8). Achava-se em condições de beber o cálice com Jesus (Mc 10,35-45). É muitas vezes mencionado ao lado de Pedro (At 3,1.3-4.11; 4,13.19; 8,14), a quem Paulo considerava coluna da Igreja (Gl 2,9).

O autor do quarto evangelho parece se identificar ora com o "discípulo amado" (Jo 13,23; 19,26; 20,2-3; 21,7.20.24), ora com o "discípulo anônimo" (Jo 1,40; 18,15).

Desde os inícios do século III da E.C., Santo Irineu de Lião afirmou que João escreveu o quarto evangelho, em Éfeso. Mas os estudos mais recentes colocaram em dúvida esta afirmação — pelo estilo, vocabulário e o próprio conteúdo do evangelho — e concluíram que não poderia ter sido escrito por João, o apóstolo, nem mesmo por uma só pessoa, e de uma só vez, porque dele foram conservadas duas conclusões (Jo 20,30-31; 21,24-25). Eles acreditam que o evangelho teve origem na comunidade joanina ou na escola joanina e esta o atribuiu ao apóstolo João.

Comunidades joaninas: projetando luz na caminhada

A linguagem e o pensamento que essa comunidade ou escola usa para escrever o evangelho retratam uma origem judaica ainda antes do ano 70 da E.C. As contraposições entre verdade e mentira, luz e trevas eram objeto de reflexão da comunidade de Qumran. Além disso, o evangelho usa expressões muito conhecidas nos escritos dessa comunidade: "fazer a verdade"; "a cólera de Deus permanece sobre ele"; "testemunhar a verdade"; "caminhar nas trevas"; "luz da vida"; "espírito de verdade"; "os filhos da perdição".

Muitos estudiosos acreditam que a comunidade iniciou-se na terra de Israel, de onde teria herdado, de forma oral e por meio de alguns fragmentos escritos, a mensagem de Jesus. Depois, com a revolta judaica, um grupo significativo teria emigrado para a Síria e daí seguido para Éfeso, na Ásia Menor. No final do primeiro século, possivelmente foi concluído aí o texto do quarto evangelho. Teria-se, portanto, iniciado com a tradição oral sobre a pregação de João e depois os discípulos da escola joanina teriam redigido as narrativas dramáticas e os discursos,

o que explicaria as diferenças. Por fim, um discípulo que se identificou como o "discípulo amado" deu maior unidade e coerência ao texto.[1]

A integração de diferentes grupos que participam das narrativas do evangelho favorece sua leitura: os dois discípulos de João Batista, que foram convidados por Jesus a permanecer com ele (Jo 1,35-39); os samaritanos que conheceram Jesus por meio de uma mulher samaritana (Jo 4) e acreditaram nele pelas suas palavras; e, mais adiante, o evangelho dá a entender que houve quem o seguisse também entre os gregos (Jo 7,35; 12,20). Tudo indica que o número significativo de integrantes da comunidade de João era constituído por judeus expulsos das sinagogas (Jo 9). Eles começaram a fazer uma nova leitura das Escrituras, e acreditavam em Jesus como o Messias, o Filho de Deus, o profeta que devia vir para salvar o mundo.

A comunidade enfrentava muitas dificuldades internas e externas. As dificuldades vindas de fora eram decorrentes da perseguição do Império Romano, que se sentia ameaçado pela aceitação de Jesus no meio do povo (Jo 11,48); do repúdio das sinagogas que já os haviam expulsado

---

[1] MONLOUBOU, *Dicionário...*, cit.

Deus comunica-se em nossa história

e da influência dos movimentos religiosos da época. Tudo isso fez aumentar os problemas e as divisões internas nas comunidades.

A comunidade refletida por meio do evangelho de João parece ser formada por um grande número de pessoas marginalizadas e excluídas (Jo 4; 9); perseguidas e minoritárias;[2] organizadas e lideradas pelo "discípulo amado".[3] A partir dessa realidade que as pessoas e a comunidade viviam, o grupo identificado pelo "discípulo amado" organizou o evangelho, buscando projetar luzes na caminhada.

Plano do evangelho de João

Há diferentes propostas de organizar o evangelho de João. Há os que o dividem a partir das grandes festas que culminam na Páscoa de Jesus. Outros o apresentam em duas grandes partes: após o prólogo (1,1-18), a primeira conhecida como o Livro dos sinais (Jo 1,19-12). Nele aparecem sete narrativas de sinais, que são os milagres que Jesus realizou, confirmam a missão de Jesus como o Enviado de Deus. A segunda parte é conhecida como o Livro da exaltação ou glorificação de Jesus (Jo 13,1–20,31). Nele revela-se o amor e a bondade de Deus, na face do Pai. Por fim, o Epílogo (21,1-25) que apresenta ainda uma aparição de Jesus.

No evangelho de João, a fé na pessoa de Jesus Cristo, Filho de Deus, é central, como ele mesmo o afirma: "Jesus fez, diante de seus discípulos, muitos outros sinais ainda, que não se acham escritos neste livro. Esses, porém, foram escritos para crerdes que Jesus é o Cristo, o Filho de Deus, e para que, crendo, tenhais a vida em seu nome" (Jo 20,30-31).

As três cartas de João e o Apocalipse nasceram na mesma região geográfica e no mesmo ambiente cultural do quarto evangelho, a Ásia Menor. O Apocalipse traz um estilo e gênero literário diferentes das cartas, mas semelhante em algumas expressões e imagens com o evangelho de João, como veremos adiante.

Primeira carta de João

A primeira carta de João leva o nome de carta, mas se parece mais com uma exposição doutrinal sobre o amor de Deus e o amor verdadeiro às pessoas. Para considerá-la como carta, faltam nela alguns elementos importantes como o nome do remetente e do destinatário, a saudação inicial e a conclusiva.

---

[2] Jo 2,1-11; 4,1-42; 11,1-44; 12,1-11; 16,20-22; 19,25-27; 20,11-18.

[3] Jo 13,23-26; 19,26-27; 20,1-10; 21,7.20-24.

81

Visão Global 15

O escrito é do final do primeiro século da era cristã e deixa transparecer alguns problemas que revelam a presença de pessoas que tentam minar a comunidade apresentando um "conhecimento superior", quando a comunidade já conhece a verdade (1Jo 2,21). São os adeptos do gnosticismo e do docetismo, que desviam a comunidade da sã doutrina. Formam um grupo separado da comunidade (1Jo 2,19) que não vive o amor fraterno e a justiça (1Jo 3,10; 4,8). Por isso, o autor insiste muito sobre a Palavra da Vida (1Jo 1,1-4); insiste também que os que vivem em comunhão com Deus andam na luz (1Jo 1,5–2,27), vivem como filhos de Deus, praticando a justiça (1Jo 2,28–4,6) e acreditam no amor de Deus que se revelou em Jesus Cristo encarnado, Filho de Deus (1 Jo 5,1-12). A carta termina com um epílogo (1Jo 5,13-21), no qual o autor retoma as grandes certezas e esperanças desenvolvidas ao longo da carta: a comunhão com Deus Pai, por meio do Filho Jesus Cristo, Palavra da Vida que se tornou visível, que as testemunhas "contemplaram" e tocaram.

Segunda carta de João

A segunda e a terceira carta de João são diferentes quanto ao gênero literário, à forma e ao conteúdo. A segunda carta dirige-se à "Eleita",

que, segundo a interpretação dos estudiosos, não se refere a uma pessoa, mas a toda a comunidade. Ao mesmo tempo em que manifesta o apreço por aqueles que "vivem na verdade, segundo o mandamento que recebemos do Pai" (v. 4), a carta faz uma advertência aos falsos doutores, "os anticristos" que tentam desviá-los da verdadeira fé. Exorta-os a viverem no amor recíproco (v. 6).

Terceira carta de João

A terceira carta de João é, na verdade, apenas um bilhetinho, de tão pequena. Destina-se a Gaio, um ancião da Igreja que acolheu com generosidade os missionários em sua casa e lhes deu sustento (v. 5). Ele é estimulado a continuar nesta obra, enquanto o autor condena a atitude de Diótrefes que se opõe ao trabalho de Gaio e não aceita sua liderança na comunidade. O autor aprova também a atitude de Demétrio que é de bom testemunho. Conclui a carta dizendo que deseja encontrá-lo em breve.

O movimento apocalíptico: o juízo de Deus é certo

Antes de falar do livro do Apocalipse, vamos situar-nos no momento apocalíptico que cresceu no contexto da perseguição aos cristãos no Império Romano.

Já consideramos alguns elementos sobre a apocalíptica no período da dominação grega, quando Antíoco IV desencadeou o processo de helenização do judaísmo e a reação foi violenta, sobretudo no período dos Macabeus, por volta de 167 a.E.C. Neste contexto surgiu o livro de Daniel, que é a única obra de cunho apocalíptico do Primeiro Testamento. Além deste, encontramos textos apocalípticos, como Joel 3–4; Zacarias 9–14 e Isaías 24–27. No Segundo Testamento encontramos também um contexto sociopolítico e religioso conflitivo, não mais provocado pelos gregos, mas pelo Império Romano. Neste contexto nasceu o livro do Apocalipse de São João.

Tanto o livro de Daniel quanto o Apocalipse querem animar a esperança do povo que sofre, afirmando que o juízo de Deus porá fim ao sofrimento que eles enfrentam, e anunciam a chegada iminente do Reino de Deus na história. Os apocalípticos reliam, à luz da fé em Deus, a história vivida pelo povo pobre, perseguido, que só em Deus confiava e esperava. Deus é quem porá fim a tudo isso, não necessariamente no final da história, mas no decorrer dela. Na visão apocalíptica o juízo de Deus destruirá os animais que simbolizam os impérios e dará todo o poder ao povo dos santos (Dn 7). Depois da crise virá o Reino de Deus, que é o oposto do poder opressor dos impérios na história.[4]

No Segundo Testamento encontramos textos apocalípticos também nos evangelhos e em algumas cartas: Mateus 24; Marcos 13; Lucas 21. Ainda na primeira carta aos Tessalonicenses 5,1-11; na primeira aos Coríntios 15,35-53; aos Romanos 8,18-25 e na segunda aos Tessalonicenses 2,1-12. Contemporaneamente aos textos considerados inspirados, foram surgindo também os livros apocalípticos apócrifos, como: Henoc, etíope, o quarto livro de Esdras e o Apocalipse siríaco de Baruc. Todos estes escritos trazem características comuns, como veremos mais adiante.

Origem da apocalíptica, profecia, sabedoria e resistência

As opiniões sobre a origem da apocalíptica divergem muito. Para alguns ela é filha da profecia. Para outros nasce da corrente sapiencial. Para outros, ainda, é fruto do contexto sociopolítico cultural conflitivo que Judá encontrou sob o domínio estrangeiro (Ne 9,36-37). Como

---

[4] RICHARD, P. Apocalíptica: espiritualidade dos pobres. In: *Ribla*, nª 7. Petrópolis/S. Leopoldo, Vozes/Sinodal, 1990. p. 7.

consequência, o povo judeu enfrentou dificuldades de segregação por motivos cultuais e religiosos, como o monoteísmo e os costumes diferentes. Muitos foram marginalizados e até perseguidos (At 16,20-21). Membros das classes sociais mais elevadas assimilavam as tradições culturais e religiosas estrangeiras, como vimos no período dos selêucidas.

Os grupos apocalípticos surgiram como forma de protesto e de resistência contra a opressão. Há divergência entre as expectativas proféticas e apocalípticas. A expectativa profética de Israel ansiava pela realização na história das promessas de Deus feitas no passado (Sl 74,2; Is 51,9-11; 63-64,11). Os apocalípticos imaginavam uma nova revelação, diferente do material tradicional. Esta tinha a ver com o fim deste mundo e a chegada de um mundo novo onde vão sobreviver, felizes e salvos, os grupos agora marginalizados e perseguidos, mas fiéis a Deus, enquanto os demais vão perecer. Os escritos apocalípticos revelam a capacidade de resistência dos oprimidos, como aconteceu com os essênios. Eles se retiraram da sociedade para viver na integridade as suas tradições religiosas e culturais.

No contexto da invasão cultural e religiosa helenista e romana, a comunidade judaica ortodoxa opunha sua práxis de preservação da identidade contra a prática alienadora e desintegradora dos impérios. A apocalíptica proclama, desde suas origens, uma forte esperança quando tudo parece perdido. Sustenta a fidelidade a Deus, mesmo quando as leis e as normas não respondem adequadamente ao momento da crise.

A problemática que se situa no nível político, religioso, social e cultural é expressa por meio de uma determinada cosmovisão, gênero literário, motivos literários, no movimento apocalíptico, como o contexto dos livros de Daniel e do Apocalipse.

A visão do fim do mundo

A cosmovisão apocalíptica é determinista, não há meio-termo. O mundo presente é visto com pessimismo e o mundo futuro com otimismo (Dn 12,2; 1Ts 4,16; Sb 1-5). Os apocalípticos dividem a história em períodos. No livro de Daniel, por exemplo, o autor divide a história em cinco etapas que representam os cinco reinos. Quatro são opressores e animalescos e o quinto, sob a figura do Filho do Homem, será humano (Dn 7,1-14). O apocalipse de João também apresenta a história dividida em sete etapas conforme os sete selos do livro (Ap 5,1). O tempo presente as comunidades corresponde ao quinto selo (Ap 6,9-11).

A cosmovisão é ligada ao espaço, o mundo de cima e o mundo de baixo, e ao tempo de agora e de depois. A transcendência é um dos núcleos que dá sentido à apocalíptica: este mundo é um reflexo da "realidade de cima" (Dn 10,13s; Ap 12).

O gênero literário

O gênero literário apocalíptico é a chave para entender a mensagem. É a maneira como a revelação é comunicada. Ela passa por meio da audição, da visão, dos sonhos, de viagens, nas quais aparece sempre de um lado o mediador transcendente, o anjo ou o próprio Cristo. De outro lado alguém que recebe a mensagem, como João, Henoc, Moisés. Estes conhecem a fundo a revelação e a transmitem com segurança aos leitores que nada conhecem. O texto é produzido no momento da crise em que vivem o leitor e a comunidade, mas a revelação é projetada para o tempo passado, um tempo arquétipo como o exílio e a criação. O livro de Daniel é produzido no século II a.E.C., durante as perseguições de Antíoco IV (175-164 a.E.C.), mas os acontecimentos — a revelação a Daniel, a sucessão dos impérios, a chegada do Reino — são transpostos para o tempo do exílio (587-538 a.E.C).

Outro exemplo: o Apocalipse Siríaco de Baruc interpreta a destruição de Jerusalém do ano 70 E.C., mas o texto o projeta para trás, há mais de 500 anos, referindo-se à destruição de Jerusalém em 587 a.E.C.

Revelação apocalíptica: o futuro encontra as origens

Os conteúdos da revelação abrangem, geralmente: as *teogonias*, narrativas sobre a origem dos deuses; as *cosmogonias*, narrativas sobre a origem do mundo; a *história de Israel*, que faz uma leitura do passado, projetando-a para o futuro; uma *crise escatológica* na qual aparece a perseguição dos justos e eleitos e desastres naturais ou históricos, acompanhados de grande sofrimento; a *salvação* presente na apocalíptica gnóstica; *juízo* ou *destruição dos maus*; a *salvação escatológica*, como transferência cósmica e salvação pessoal. Em relação ao espaço, aparecem esferas e regiões celestiais relacionadas com as viagens daquele que recebe as revelações, seres extraterrestres, como anjos e demônios, seguidas de uma conclusão.

Estes temas, segundo alguns estudiosos, seriam os verdadeiros apocalipses tanto no gênero quanto no conteúdo, por isso não se enquadrariam neste esquema os textos que normalmente são considerados apocalípticos, como

Is 24–27; Zc 9–14 e Joel 3–4. O livro do Apocalipse "de João" e Marcos 13, "colocados na boca de Jesus", seguem o modelo apocalíptico na sua forma, mas a intenção destes textos é de exortar e gerar esperança de salvação, no contexto sociopolítico e cultural de sofrimento.

Recursos literários da apocalíptica

Os recursos literários são muitos: os números como forma de medir o tempo e, no seu simbolismo, as cores como águas negras, cavalos brancos e vermelhos, com valores simbólicos (branco = luminosidade e transparência; vermelho = sanguinário); animais como leões, cavalos, leopardos, gafanhotos, bestas (Ap 13) para indicar pessoas, impérios e poderes extraordinários; as cidades conhecidas na história bíblica para indicar impérios atuais: Babilônia (isto é, modelo de todo o império opressor, especialmente Roma – ver Ap 17–18), os Cetim (cidade de Chipre para indicar os romanos situados no oeste, conforme aparece nos rolos do Mar Morto) e a Nova Jerusalém (Ap 21–22); nuvens, céus, estrelas, sol e lua indicam o mundo transcendente; luz e trevas simbolizam o bem e o mal, a verdade e a mentira; animais que aparecem no céu como Ap 12; sonhos, visões,

audições como meios da revelação de Deus, porque ele não aparece er pessoa por causa da sua transcen dência. Alguns estereótipos, como a luta entre o dragão e a serpente os anjos e arcanjos.

Limites do movimento apocalíptico

O movimento apocalíptico tem sua sustentação nos contextos sociopolí tico, cultural conflitivos. Este utiliza como forma literária para expressar ser pensamento, testamentos, profecias epístolas, evangelhos e outros. Pelas características do movimento apocalíptico, pode-se concluir que ele revela uma tendência de exclusivismo da salvação; considera-se o grupo fiel, santo, justo e eleito da totalidade do Universo que receberá a salvação mas não toda a humanidade. O uso e a compreensão dos símbolos são reservados somente para o grupo ao qual se destina o texto.

Entre a literatura profética e a apocalíptica há ainda uma grande diferença. A profética interpela e chama para conversão e fidelidade à Aliança, enquanto a literatura apocalíptica destina-se para os escolhidos e eleitos, já convertidos. Na profecia, o profeta é contemporâneo real dos fatos, enquanto na apocalíptica aquele que recebe a revelação e a comunica ao grupo é um

Deus comunica-se em nossa história

ersonagem arquétipo, distanciado no tempo. Na profecia a história salvífica o passado de Israel é continuamente embrada, especialmente alguns fatos, omo o Êxodo, para exaltar a ação o Senhor ou reclamar a fidelidade à Aliança. Nos apocalipses há algumas eferências à história de Israel para narcar a divisão entre os escolhidos e os infiéis. Seus textos revelam a preocupação com o futuro da história. A finalidade desses textos é consolar e sustentar os eleitos para resistirem ao sofrimento, porque eles sabem que serão salvos da crise. Esta terá um fim, mas no último período da história, quando os eleitos sairão vitoriosos.[5]

O livro do Apocalipse de São João

O livro do Apocalipse de João dá a entender que ele foi escrito em tempos de perseguição. Um grande número de estudiosos do livro considera os capítulos de 4 a 11 os mais antigos e coloca sua redação no período do imperador Nero, por volta do ano 64 E.C., no contexto de perseguição aos cristãos. Outros ainda o colocam no período da revolta judaica, por volta do ano 70 da E.C. É difícil afirmar com certeza. Mais tarde, no período do imperador Domiciano (81-96), um novo contexto de perseguição teria exigido uma reflexão mais profunda e teriam surgido então os capítulos de 12 a 22. Depois teriam sido acrescentados os capítulos de 1 a 3, como introdução que orienta, de certa forma, toda a obra. E, por fim, uma conclusão (22,16-21).

Comunidade perseguida e massacrada

Pelo próprio contexto histórico, a comunidade viveu um longo período de turbulência: havia perseguição por parte do Império Romano; insegurança e medo diante das pressões externas e internas; muitas divisões internas; invasão de doutrinas falsas que confundiam as pessoas; conflitos constantes com os judeus, que não aceitavam mais os cristãos em suas sinagogas e a nova interpretação das Escrituras que eles faziam. O sofrimento era tão grande que muitos desanimaram na caminhada. Outros resistiram ao cansaço, venceram pela fé e perseveraram. Outros, ainda, chegaram até ao testemunho do martírio.

Autor do livro do Apocalipse

É difícil saber com clareza quem foi o autor do Apocalipse, pois ele

---

[5] CROATTO, J. S. Apocalíptica: a esperança dos oprimidos. In: *Ribla* nº 7. Petrópolis/S. Leopoldo, Vozes/Sinodal, 1990. pp. 8-12.

mesmo se apresenta apenas como "irmão e companheiro na tribulação" (Ap 1,9). Isto significa que ele experimentou na própria carne aquilo que a comunidade vivia. O nome João aparece quatro vezes no livro do Apocalipse: 1,1.4.9; 22,8; mas a dúvida continua: qual deles, se no Evangelho são conhecidos três com este nome? Tradições muito antigas o identificaram com o apóstolo João, filho de Zebedeu, que seria o autor também do quarto evangelho. Outros ainda o identificaram com um "ancião" que não é João apóstolo, nem João evangelista. Hoje muitos acreditam que o autor usou o nome de João, o apóstolo, cuja lembrança era muito viva nas comunidades da Ásia Menor, onde este livro foi escrito. O autor do livro conhece muito bem as sete comunidades às quais ele se dirige por meio das cartas que aparecem nos capítulos 2–3. Tudo indica que ele tenha sido o coordenador dessas comunidades, talvez conhecido pelo nome de João. Tem consciência da missão que recebeu de Deus junto às comunidades (Ap 22,9-10). Tornou-se testemunha dessa Palavra que ele anuncia, e só o é, por causa dela (Ap 10,8-10; 1,9).

Apocalipse: Cristo é o Senhor da História

O autor do livro do Apocalipse quer ajudar a comunidade a ler e entender os acontecimentos e a própria história. Ele desmascara a falsa propaganda que o império (Ap 2,16; 13,1-18; 17,1-18) faz de si mesmo. A vitória final não será dele, e sim de Jesus Cristo. O autor ajuda a comunidade a reler a própria história à luz de alguns textos do Primeiro Testamento, sobretudo de Daniel, mostrando "as coisas que devem acontecer em breve" (Dn 2,28; Ap 1,1) e as visões do livro de Ezequiel (Ez 1,26-28; Ap 10,1).

Ele procura ajudar a comunidade a compreender a história da salvação, que Deus realizou no passado, na história do povo no Primeiro Testamento, e continua hoje. Quer animar a comunidade a enxergar para além da perseguição e da morte, animando-a pela fé na ressurreição. Ele evoca o poder de Deus, criador do céu e da terra, que suscitou a vida do nada, e pode dar a vida no contexto de perseguição e morte (Ap 11,17-18). Pois ele é o Senhor da vida e os fará um dia triunfar com o seu Filho Jesus (Ap 20,4-6), o *Go'el*, o Resgatador, o irmão mais velho de todos os que são

Deus comunica-se em nossa história

erseguidos (Ap 5,9). Ele é o defensor eles diante do Acusador (Ap 12,10). enceu-o, tornando-se Senhor da istória (Ap 5,7).

Por isso, não devem ter medo.) Espírito age e acompanha as grejas e as faz saber qual é a vontade de Deus (Ap 2,7.11.17.29; ,6.13.22). O autor comunica sua nensagem de esperança servindose de imagens e símbolos (Ap ,7.17; 12,1-4; 19,11-21). Faz ender o sentido dos fatos. Sinais que na sua aparência são frágeis e pequenos para a realidade, mas ão sinais de vida na realização do plano de Deus (Ap 5,6-10).[6]

Comunidades cristãs da Grécia

Segunda carta aos Tessalonicenses

Tessalônica é uma cidade grega ligada ao Império Romano por duas vias importantes, a Via Egnacia e a Via Ápia. Cidade portuária de passagem e fácil comunicação, por onde escoavam também os produtos agrícolas, marítimos e minerais.

Foi fundada pelos gregos por volta do ano 300 a.E.C., e tornou-se uma das mais importantes cidades durante o domínio romano. Era a capital da Província. Em 42 a.E.C., passou a ser cidade politicamente livre, regida por um procônsul e governada por uma assembleia do povo. Havia o colégio de cinco magistrados civis, chamados politarcas, que elaboravam as leis. A economia era escravagista, e tinha como fonte de renda a agricultura e o comércio. A sociedade era dividida em classes, com a grande maioria constituída de escravos e carregadores do porto. Havia também desocupados (2Ts 3,11). A religião era sincretista, com muitos deuses e muitos cultos.

Autor da segunda carta aos Tessalonicenses

A carta inicia-se e termina com a indicação de Paulo como autor (2Ts 1,1; 3,17). Alguns estudiosos põem em dúvida a autenticidade paulina da segunda carta aos Tessalonicenses, e um dos motivos mais fortes da discordância é a diversidade de visões sobre a vinda de Jesus. A primeira carta aponta para uma vinda iminente de Jesus (1Ts 4,13–5,11), enquanto a segunda afasta qualquer expectativa (2Ts 2,1-2).

---

[6] VV.AA. *O Sonho do povo de Deus*. São Paulo, CRB/Loyola, 1996. pp. 70-74.

89

Outro motivo é o estilo seco. Diferentes preocupações tornam o discurso tenso em relação à primeira carta. Daí pode-se deduzir que é muito difícil dizer que a segunda carta foi escrita pelo mesmo autor e nas mesmas condições da primeira. A opinião mais aceita entre os estudiosos é a de que a segunda é uma reelaboração da primeira com acréscimos de elementos apocalípticos, quando não havia mais a expectativa da parúsia (isto é, vinda), e a preocupação agora era com o depois. A data da redação da carta é do final do século I.

Comunidade da segunda carta aos Tessalonicenses

A comunidade de Tessalônica vivia tensões quanto à vinda do Senhor, conforme vimos na primeira carta (1Ts 5,1-28). O problema continua na segunda carta, mas sob um outro enfoque. Muitos cristãos, agora persuadidos da volta iminente de Cristo, agem como se o Dia do Senhor já tivesse chegado (2Ts 2,1-2). Por isso, entregam-se à desordem (3,6) e a uma vida "à-toa, muito atarefados sem nada fazer" (2Ts 3,11). Por isso, o autor exorta esses fiéis a retornarem a uma vida normal de trabalho, como forma de levar por meio dele uma vida dign e honesta, sem ser peso a ninguér (1Ts 2,8-12). Adverte-os que segunda vinda de Cristo não ser logo, pois, antes, devem precede catástrofes (cf. Mc 13) e a chegad do ímpio.

Neste contexto os cristãos dever estar atentos para não confundir falso com o verdadeiro e o ímpi com justo, porque o ímpio serve d instrumento para a ação do satané no mundo (2 Ts 2,9), e disso são si nal as perseguições desencadeada pelo Império Romano, que ora o cristãos enfrentam. Depois chegar: o tempo da apostasia, quando ímpio, o verdadeiro Anticristo, ir: se revelar como a personificaçã de todo mal. Quando este se ma nifestar, o Senhor irá se manifesta: para aniquilar o Anticristo e con ele toda a forma do mal.

Aqueles que em Tessalônica pensavam que podiam viver como se o Dia do Senhor tivesse chegado, esqueceram-se dos ensinamentos que receberam (2Ts 2,5) e viviam na ilusão, pois o combate final será mais duro ainda que aquele que ora enfrentavam. É preciso preparar-se na vigilância e no discernimento progredindo no amor, na fé e na esperança.

Deus comunica-se em nossa história

CRONOLOGIA DAS COMUNIDADES CRISTÃS DA DIÁSPORA (70-135 E.C.)[7]

Comunidades cristãs: judeus e cristãos	Império Romano
	68-79: Vespasiano, imperador
	70: Tito, general, toma e destrói Jerusalém
	73: Tomada de Massada
75: Cristãos são progressivamente convidados a se retirarem das sinagogas. 1 Pedro.	79-81: Tito, imperador
	81-96: Domiciano, imperador, impõe culto a ele. Perseguição aos cristãos
85-90: Sínodo dos judeus, em Jâmnia: Cânon Bíblia hebraica Mateus, Lucas, Atos, Efésios, 1 e 2 Timóteo, Tito 95-96: Apocalipse de João e 1, 2 e 3 João Judas e 2 Pedro *Didaqué*	
	96-98: Nerva, imperador
	98-117: Trajano, imperador
	117-132: Adriano
	135: revolta de Bar Kochba
	Dispersão dos judeus

Conclusão

Neste último fascículo de estudo da primeira série "Visão Global", consideramos os anos finais do primeiro século da era cristã e início do segundo. Um período muito turbulento sob o ponto de vista político e religioso. Alguns imperadores, como Domiciano e Trajano, desencadearam uma perseguição aberta aos cristãos espalhados em todo o império. Sob o ponto de vista religioso, muitos movimentos e seitas confundiam os cristãos com suas doutrinas. Ora eram os adeptos das religiões de mistério, ora as filosofias de vida propagadas pelos cínicos, estoicos e epicureus,

---

[7] Cf. Apêndices: Quadro Cronológico – *Bíblia de Jerusalém*, p. 2341.

ora os gnósticos que divulgavam suas concepções. Todos de certa forma tinham, à sua maneira, preocupações, esperanças, dúvidas e expectativas de salvação.

Os judeus buscavam a salvação na fiel observância da Lei, a qual era o ponto de convergência apesar da multiplicidade de grupos e correntes de pensamento presentes no judaísmo da terra de Israel e da diáspora. Todos acreditavam que Deus havia dado a Israel a Lei como um dom gratuito destinado a indicar o caminho que leva à vida plena e à salvação. Também o Messias ungido haveria de se submeter à Lei e traria ao povo o tempo da salvação.

Os gregos também encaravam o problema da salvação por meio da multiplicidade de concepções religiosas e dos movimentos intelectuais presentes no mundo helenístico romano. O caminho pelo qual tentaram alcançar o sentido último da vida era mediante a busca da sabedoria. Os filósofos estoicos e epicureus procuravam, pela reflexão, adequar a vida com as normas. Nas comunidades gnósticas e nas religiões mistéricas o sentido último da vida era conquistado por meio das experiências místicas que a pessoa fazia pela revelação divina. O conhecimento e a inteli-

gência deviam levar à compreensã de Deus, do mundo, do ser human e do seu destino como caminho d redenção e de salvação.

Para os cristãos, é a fé em Jesu Cristo crucificado que salva, mesm que a cruz seja escândalo para os ju deus e loucura para os gentios (1Cc 1,23). Só a cruz abre o caminho d redenção e da salvação para todo aqueles que a acolhem na fé: "[... para aqueles que são chamados tanto judeus como gregos, é Cristo poder de Deus e sabedoria de Deus Pois o que é loucura de Deus é mai sábio do que os homens, e o que fraqueza de Deus é mais forte d que os homens" (1Cor 1,24-25). A comunidades cristãs, pela força de Espírito, sobreviveram a esse con texto difícil e turbulento lançando sólidos fundamentos que sustenta ram tantas e tantos que entregaram e continuam oferecendo suas vidas pela mesma causa: o Reino de Deus A reflexão e a experiência do Ressuscitado, vividas pelos cristãos da primeira hora nas diferentes comunidades, deram origem aos escritos do Segundo Testamento.

Veja agora numa síntese fantástica todos os principais impérios que, sucessivamente, dominaram sobre a terra de Israel. Cf. mapa n. 41.

SÍNTESE DAS SUCESSIVAS DOMINAÇÕES SOBRE A TERRA DE ISRAEL
Séc. XVIII a.E.C. a II E.C.

(Altitude)
- 3000 m
- 1500 m
- 500 m
- 200 m
- 0 (Nível do mar)
- 200 m

(Profundidade)

① Egito - 2030 a 1200 a.E.C.
② Hicsos - 1720 a 1552 a.E.C.
③ Hititas - 1370 a 1336 a.E.C.
④ Assíria - 722 a.E.C.
⑤ Babilônia - 587 a 537 a.E.C.
⑥ Pérsia - 538 a 333 a.E.C.
⑦ Grécia - 333 a 63 a.E.C.
⑦ Roma - 63 a.E.C. a 135 E.C.

FONTES:
PAUWELS, G. J. *Atlas geográfico Melhoramentos.* São Paulo, Melhoramentos. 1997.
LOPES, J. M. *Atlas bíblico geográfico histórico.* Lisboa, Difusora Bíblica, 1984.
n. n. p. 16.

CARTOGRAFIA:
José Flávio Morais Castro. 2001.
Visão global 15
Caminhamos na história de Deus

Serviço de Animação
Bíblica - SAB

0 _____ 500 Km

41

© Pia Sociedade Filhas de São Paulo, 2001

Roteiro para o estudo do tema

1. Oração inicial
Conforme a criatividade do grupo.

2. Mutirão da memória
Compor a síntese do conteúdo já lido por todos no subsídio. Caso a pessoas não tenham o subsídio, ficará a cargo do(a) líder expor a síntese

Recurso visual
Espalhar sobre uma mesa, no centro do grupo, todas as ilustrações os álbuns de fotografias abertos. No centro de tudo, colocar a Bíbli aberta adornada com flores, e acender a vela.

3. Partilha afetiva
Em plenário, dialogar: temos no meio de nós a história do mundo do Brasil, nossa história pessoal e a história de cada uma das pessoas que conhecemos e amamos.

- De que forma Deus se comunica com o povo da Bíblia?
- Como ele se comunica hoje conosco?
- São histórias diferentes, ou uma mesma história?

4. Sintonia com a Bíblia
Ler o texto de Hb 11,1-40.

A carta aos hebreus faz uma releitura da história. As comunidades cristãs estão conscientes de que o dom da fé é uma herança que permanece viva ao longo de todos os séculos.

Diálogo de síntese
- Poderíamos continuar escrevendo o capítulo 11 de Hebreus, nomeando outras pessoas que viveram e nos comunicaram a fé?
- Poderíamos nomear também nossos descendentes, que recebem por meio de nós a herança de Deus?

Retrospectiva em grandes linhas da primeira série "Visão Global"

Na primeira série deste estudo "Visão Global", vimos toda a história do povo de Israel, desde a sua formação até o período romano. No fascículo 1: *Bíblia, comunicação entre Deus e o povo*, vivemos algumas informações necessárias para nos situar diante do livro da Bíblia. Procuramos entendê-la na sua complexidade, como texto escrito que chegou até nós e o que significou para judeus, cristãos e toda a humanidade que a tem nas mãos.

Situamos no espaço geográfico o povo que viveu e registrou a experiência que se encontra na Bíblia, por meio do segundo volume — *Terras Bíblicas: encontro de Deus com a humanidade*. Qual é esse povo tão especial que conseguiu deixar para a humanidade uma experiência tão profunda e rica da sua relação com o seu Deus?

O povo de Israel legou-nos a riqueza da sua fé no Deus UM. A partir dessa fé ele relê sua história.

É disto que trata o terceiro volume da série Visão Global: *O povo da Bíblia narra suas origens*. São pastores, beduínos, sobreviventes da escravidão do Egito, camponeses oprimidos e outros grupos que integraram as origens desse povo. Nos erros e acertos, nas lutas e pequenas conquistas foram encontrando um jeito de se organizar.

Surgiu então, lenta e gradualmente, a organização das diversas tribos na terra de Canaã. Cresceram e se fortaleceram no contexto das cidades-estado e da dominação do império egípcio (2030-1070 a.E.C.). Este, por sua vez, foi dominado temporariamente por outros povos: Hicsos (1720-1552) e Hititas (1370-1336), que exerceram sua hegemonia sobre Canaã. Já por volta do ano 1250 o Egito foi perdendo, pouco a pouco, a hegemonia sobre a região com a chegada dos povos do mar, sobretudo os filisteus, que ocuparam a faixa litorânea do Mediterrâneo.

No quarto fascículo — sob o título: *As famílias se organizam em busca da sobrevivência* —, conhecemos as tribos de Israel, sua organização e a fé que as animou a resistirem e a sobreviverem nesse contexto. As tribos de Israel foram se fortificando a ponto de se impor gradativamente, até chegar a formar um reino unido aproximadamente de 1030 a 931 a.E.C. Finalmente, o povo respirou aliviado. Os de fora não os dominariam mais. Mas a monarquia, que era um sonho, pouco a pouco se tornou um pesadelo. Não foi a solução para todos os problemas.

Sob o título *O alto preço da prosperidade*, estudamos no quinto volume o período da Monarquia Unida. Esta surgiu de forma embrionária com Saul, sendo estruturada por Davi, após a morte de Saul, que foi sagrado rei sobre Judá (2Sm 2,1-4). Isbaal foi feito rei sobre as tribos do Norte, governou por dois anos e foi morto (2Sm 2,8-32). Davi, então, conquistou também a realeza sobre as tribos do Norte. Com Salomão, a monarquia se caracteriza pela riqueza e luxo da corte real, porém, após sua morte, as tribos do Norte reconquistam

sua independência em relação à tribos de Judá.

Em busca de vida, o povo mud a *história* foi o tema do sexto fasc culo da série Visão Global. O pov judeu não aguentava mais os alto impostos. O jeito era romper cor o poder centralizado e com o tem plo de Jerusalém, mas não com a tradições culturais e religiosas. localização geográfica, a riqueza a instabilidade política tornou ess reino muito vulnerável. Durou pou co tempo, por volta de 931 a 71 a.E.C., quando a Assíria liquido com ele, ao Norte. Quase todo povo foi disperso entre os demai povos dominados pelo impéric assírio, e outros povos foram tra zidos para a região de Israel. Ess reino nunca mais se refez, perdeu totalmente a autonomia.

A tentativa do reino de Judá de voltar a equilibrar-se foi retratada em *Entre a fé e a fraqueza,* tema de estudo do sétimo fascículo da série Visão Global. Esse reino era menor em extensão geográfica e mais pobre, mas com maior estabilidade política e sólidas instituições: a monarquia dinástica, o templo e o sacerdócio. A localização geográfica contribuiu para a maior estabidade. O reino de Judá manteve-se em pé entre 931 e 587 a.E.C., quando teve fim com a dominação a Babilônia.

Esse triste fim do reino de Judá levou o seu povo a viver uma profunda crise em todos os sentidos, mas sobretudo a crise da fé. Tudo aquilo que constituía a garantia da presença de Deus no seu meio caiu por terra. Estavam nus. Não tinham mais nenhuma segurança. Os pequenos e pobres ficaram na terra, os mais notáveis foram para o exílio da Babilônia. Foi um tempo de profunda revisão. Mas descobriram que *Deus também estava lá*, mesmo fora da terra; ele não os havia abandonado. Esse momento foi o tema de estudo do oitavo fascículo da série Visão Global. Período sofrido, mas muito rico no crescimento da fé. Um tempo relativamente pequeno, que não chegou a 50 anos. Durou de 587/6 a 538 a.E.C.

A chegada do rei Ciro da Pérsia suscitou grande esperança. Ele era visto pelos exilados como o enviado de Deus, pois deu-lhes liberdade de retornarem à pátria e incentivou os projetos de reconstrução do templo, da cidade, dos muros e da comunidade judaica. É um período rico, no sentido de que nele se formaram quase todos os livros do Primeiro Testamento. Respeitou-se a língua e as tradições religiosas e culturais de Israel e dos demais povos dominados; por isso, *A comunidade renasce ao redor da Palavra*. Este foi o tema de estudo do nono fascículo.

Enquanto o período persa foi para Israel um tempo para somar e registrar as experiências de vida, o período grego foi um tempo de divisão e provação. O sustentáculo era a *Fé bíblica: uma chama brilha no vendaval*. E que vendaval! Mas a luz foi mais forte e o povo conseguiu encontrar a saída do túnel. Este foi o tema do décimo fascículo. Tudo começou com Alexandre Magno em 333 a.E.C., e continuou com o domínio dos Ptolomeus (323-198 a.E. C.) e depois dos Selêucidas (198-63 a.E.C.). Por um pequeno espaço de tempo, Israel conseguiu a independência de Judá, no período dos Macabeus e dos Asmoneus (167-63 a.E.C.).

A Grécia impôs-se pela sua cultura, Roma pela sua política e força opressora. Ocupou a Grécia e os territórios dominados por ela. Este contexto foi estudado no décimo primeiro volume, *Sabedoria na resistência*. Em 63, Pompeu conquistou a terra de Israel. Vendo a grande instabilidade política na região, o imperador entregou a Herodes o encargo de apaziguar os rebeldes. Ele aplicou os princípios da *Pax Romana*, que é a imposição da paz pela força das armas, e nisso era favorecido pelos imperadores. Deles recebeu o título de rei e ocupou todas as regiões de Norte a Sul da terra de Israel. Neste contexto surgiu a esperança messiânica: alguém que viesse libertar o povo da opressão e do domínio dos estrangeiros.

No décimo segundo volume, *O eterno entra na história,* estudamos o contexto sociopolítico, econômico, familiar e religioso da terra de Israel, que acolheu Jesus. Vimos as tradições culturais, religiosas, familiares e sociais, nas quais Jesus se inseriu e deu uma nova interpretação.

No décimo terceiro volume, *A fé nasce e é vivida em comunidade,* estudamos as comunidades cristãs que surgiram na terra de Israel. Vimos também a experiência do Res-suscitado, vivida pela primeir comunidade, e os lugares pc onde foram nascendo as pequena comunidades conhecidas també como "as igrejas domésticas".

No décimo quarto volume *Em Jesus, Deus comunica-se co o povo,* vimos as comunidade cristãs da diáspora, fora da terr de Israel, revelando que a Igrej é missionária desde as origens Divulgou-se rapidamente pela Ási Menor, África e pelo continent europeu.

Enfim, o décimo quinto volume *Caminhamos na história de Deus* aborda o final do primeiro e início do segundo século, do anc 70 ao 135 da E.C. Nesse períodc estudamos as comunidades cristã nos seus contextos e os escritos que a elas foram dirigidos.

A série Visão Global, que é a primeira, levou-nos a um olhar panorâmico das grandes etapas vividas pelo povo de Israel, no decorrer de quase dois mil anos. Ela nos ofereceu os referenciais do contexto histórico, nos quais os escritos surgiram e os fundamentos para o estudo da segunda série *As Teologias Bíblicas.* Nele vamos retomar as diferentes visões e experiências de Deus,

Retrospectiva em grandes linhas da primeira série "Visão Global"

alizadas pelo povo da Bíblia no rimeiro e no Segundo Testamento.

Sentimos imensa gratidão de ermos percorrido com você a rimeira série *Visão Global*, e alegria de prosseguirmos a caminhada a segunda série, *As Teologias Bíblicas*.

Veja agora no diagrama da figura. 42 uma síntese da história do povo de Deus, linha do tempo, com a indicação de datas, personagens e fatos principais. Observe os escritos bíblicos, situados nos prováveis períodos em que surgiram.

Parabéns! Você fez o primeiro nível "Visão Global da Bíblia"! Não pare! Siga adiante com as Teologias Bíblicas!

HISTÓRIA DO POVO DE DEUS - LINHA DO TEMPO

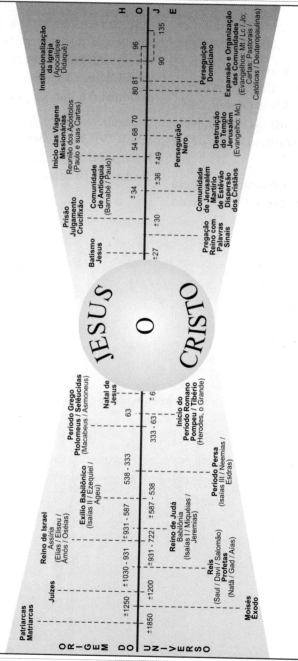

FONTE: Bíblia de Jerusalém. São Paulo, Paulus, 1995.
ORGANIZAÇÃO: Romi Auth fsp
ARTE: José Flávio Morais Castro, 2001.
Visão global 15
Caminhamos na história de Deus

Serviço de Animação Bíblica - SAB

42

Subsídios de apoio

Bibliografia utilizada

BARONI, Y.; AVI-YONAH, M. *Atlante della Bibbia*. Pieme, Casale Monferrato, 1987.

COMBY, J.; LEMONON, J. P. *Vida e religiões no Império Romano*: no tempo das primeiras comunidades cristãs. São Paulo, Paulus, 1988.

LOHSE, E. *Contexto e ambiente do Novo Testamento*. São Paulo, Paulinas, 2000.

INLOUBOU, L.; DU BUIT, F. M. Milenarismo. In: *Dicionário bíblico universal*. Aparecida/Petrópolis, Santuário/Vozes, 1997.

VV.AA. *Viver e anunciar a Palavra*. São Paulo, CRB/Loyola, 1995.

_____. O Evangelho Segundo Mateus. In: *Seguir Jesus: os Evangelhos*. São Paulo, CRB/Loyola, 1994.

_____. *O sonho do povo de Deus*. São Paulo, CRB/Loyola, 1996.

Bibliografia de apoio

ALFARO, J. I. *O Apocalipse em perguntas e respostas*. São Paulo, Loyola, 1995.

BORTOLINI, J. *Como ler o evangelho de João*. São Paulo, Paulus, 2001.

KONINGS, J. *Evangelho segundo João*: amor e fidelidade. Petrópolis/S. Leopoldo, Vozes/Sinodal, 2000.

LOHSE, E. *Contexto e ambiente do Novo Testamento*. São Paulo, Paulinas, 2000.

RICHARD, P. *O movimento de Jesus depois da ressurreição:* uma interpretação libertadora dos Atos dos Apóstolos. São Paulo, Paulinas, 1999.

SÁNCHEZ, T. P. *Uma porta no céu*. São Paulo, Paulinas, 1992.

VV.AA. *Cartas Pastorais e Cartas Gerais*, CEBI. São Paulo, Paulus, 2001.

VV.AA. *As cartas de Pedro, João e Judas*. São Paulo, Loyola, 1999.

Recursos visuais

CASTRO, J. F. M. *Transparências de mapas e temas bíblicos para retr projetor.* São Paulo, Paulinas, 2001.

Cidade do Apocalipse, SSV, Belo Horizonte, MG.

Rua Dona Inácia Uchoa, 62
04110-020 – São Paulo – SP (Brasil)
Tel.: (11) 2125-3500
http://www.paulinas.com.br – editora@paulinas.com.br
Telemarketing e SAC: 0800-7010081